虚室生真

《道德经》中的无与思

谭立铸 著

华东师范大学出版社
·上海·

华东师范大学出版社六点分社　策划

关注中国问题
重铸中国故事

缘　　起

在思想史上,"犹太人"一直作为一个"问题"横贯在我们的面前,成为人们众多问题的思考线索。在当下三千年未有之大变局中,最突显的是"中国人"也已成为一个"问题",摆在世界面前,成为众说纷纭的对象。随着中国的崛起强盛,这个问题将日趋突出、尖锐。无论你是什么立场,这是未来几代人必须承受且重负的。究其因,简言之:中国人站起来了!

百年来,中国人"落后挨打"的切肤经验,使我们许多人确信一个"普世神话":中国"东亚病夫"的身子骨只能从西方的"药铺"抓药,方可自信长大成人。于是,我们在技术进步中选择了"被奴役",我们在绝对的娱乐化中接受"民主",我们在大众的唾沫中享受"自由"。今日乃是技术图景之世界,我们所拥有的东西比任何一个时代要多,但我们丢失的东西也不会比任何一个时代少。我们站起来的身子结实了,但我们的头颅依旧无法昂起。

中国有个神话,叫《西游记》。说的是师徒四人,历尽劫波,赴西天"取经"之事。这个神话的"微言大义":取经不易,一路上,妖魔鬼怪,层出不穷;取真经更难,征途中,真真假假,迷惑不绝。当下之中国实乃在"取经"之途,正所谓"敢问路在何方"?

取"经"自然为了念"经",念经当然为了修成"正果"。问题是:我们渴望修成的"正果"是什么?我们需要什么"经"?从哪里"取经"?取什么"经"?念什么"经"?这自然攸关我们这个国家崛起之旅、我们这个民族复兴之路。

清理、辨析我们的思想食谱,在纷繁的思想光谱中,寻找中国人的"底色",重铸中国的"故事",关注中国的"问题",这是我们所期待的,也是"六点评论"旨趣所在。

点　点
2011.8.10

Contents 目录

1 前言

1 上篇

3 章一

27 章二

34 章三

36 章四

39 章五

43 章六

46 章七

48 章八

50 章九

51 章十

53 章十一

55 章十二

56 章十三

58 章十四

65 章十五

69 章十六

72 章十七

73 章十八

75 章十九

76	章二十
78	章二十一
83	章二十二
84	章二十三
85	章二十四
87	章二十五
93	章二十六
94	章二十七
96	章二十八
101	章二十九
102	章三十
103	章三十一
104	章三十二
106	章三十三
107	章三十四
109	章三十五
110	章三十六
111	章三十七

113 **下篇**

115	章三十八
118	章三十九

- 120 章四十
- 122 章四十一
- 128 章四十二
- 131 章四十三
- 132 章四十四
- 133 章四十五
- 135 章四十六
- 136 章四十七
- 137 章四十八
- 139 章四十九
- 140 章五十
- 142 章五十一
- 144 章五十二
- 148 章五十三
- 149 章五十四
- 150 章五十五
- 155 章五十六
- 157 章五十七
- 161 章五十八
- 163 章五十九
- 165 章六十
- 166 章六十一
- 167 章六十二

169　章六十三

170　章六十四

173　章六十五

174　章六十六

175　章六十七

176　章六十八

177　章六十九

178　章七十

181　章七十一

183　章七十二

186　章七十三

187　章七十四

187　章七十五

188　章七十六

190　章七十七

191　章七十八

192　章七十九

193　章八十

195　章八十一

199　结语:作为真相位置的释经学

前　　言

怎样才算得上理解了老子的《道德经》？如果《道德经》欲使我们理解的是另一种"知"，是"知不知"，是"明"，那么理解本身就是一个问题。你或许得着了老子的知，但面对他人时你无法自证己知。语言内的知与语言破碎处的知，不可同日而语。

老子的得道纯属偶然，就像他用"道"来命名他的所知纯属偶然。人滑出他生活的日常世界见到真相，就像柏拉图的囚徒滑出洞穴见到真正的太阳，没有任何的世间因果，这就是命运。真相打破偶然的命运，但真相的出现仍属偶然的命运。热爱命运，尼采如是说。最终的真相是，对于老子所悟之道，我们或者信而守之，或者不信而弃之，其中没有论证和讨论的余地，没有知识性的导言。论证和讨论是后起附会性的，就像一种仪式，以守护着道。道不远人，人为道而远人。

老子《道德经》的出现，不能说没有其传统，但在文字中的传统与真相的距离，同真相与日常生活的距离一样，若非经历了某种革命性命运，这一传统不会复活。以保守的姿态解读《道德经》，把它作为锚定传统的经典，除非把老子看作激进的传统，否则难入其门，不得其真传。

唯有进入革命性的命运——对于每一个个体来说，就是进入到与生活日常状态的决绝中，在这点上，我们平常理解的传统常常阻碍这种决绝——才有机会进入和活出《道德经》的老子传统（说到底《道德经》是一种修道传统）。所有的传统无不开端于革命，打破传统是进入真正传统的机会，传统的连贯性真相是在裂缝中示现的，裂缝中止时空的表象性连贯，使不同的地点拥有毫无异处的"位置"。这就是每一个个体向主体的生成过程，与真相相关的姿态由是成形。不接受老子的此一革命姿态，无以入《道德经》的真道。

道

《道德经》的道就在老子写下的五千言中，但即使通过语言训诂弄清了所有字句的语文学意义，也仍不能说悟了《道德经》的真道。[①] 真相就在字面，就在字面的细微处，但细微

---

① 对于经典解读，熊十力说过："我深信读经之难，不仅在名物训诂，训诂弄清了，还不配说懂得经，这是我殷勤郑重向时贤申明的苦心。"见《十力语要》卷一，"与某报"。

处的显露却又发生在字面的变形之际,似乎包含在文字里的真相并不为字面决定。所有与理解有关,因此产生意义的阅读都已是重复,已是延异、缝隙,哪怕是第一次阅读。真相发生于对字面的二次(重复)阅读(《道德经》起首即是重复:"道可道,非常道;名可名,非常名。"),任何对文本的理解都会产生一条对折线,这条对折线不是把文本分成互相连续的两部分,而是把文本的正面复制为反面,这种对折的复制术是如此的理想,以至于文本的正面和反面从此以后再也分别不出来,主体的位置于是产生,"是谓惚恍"(章十四),"道之为物,惟恍惟惚。惚兮恍兮,其中有象;恍兮惚兮,其中有物"(章二十一)。这条对折线不可见,热爱真相的读者必置身于这条不可见的对折线上,他的生命从此遭遇不可能性。

《道德经》引入了不可能性:"道可道,非常道。"(章一)字面并不直接指示不可能性,倒是语言本身在不可能性面前显示了它的裂缝,能道出真相的语言无非是永不愈合的伤口。只能在语言的裂缝中才真实地思想,这种思想只是形式,是形式的思想,是没有世间所指或内容的数码。这就是老子的思想形式。我们把老子在《道德经》中的形式思想称为阴性思想:"老子主柔宾刚,而取牝取雌取母,取水善下,其体用皆出于阴。"①

置身今天,我们当如何理解老子的阴性思想? 不妨让我

---

① [清]魏源著,黄曙辉点校,《老子本义》,华东师范大学出版社,2010,页7。

们见识一下量子力学(Quantum Mechanics)的幽灵。在二十世纪初量子力学被提出前,包括最优秀物理学家在内的科学家们以为,自然世界的基本原理均已准备就绪,物理学的大厦近乎完工,不太可能再有突破性的发现了。人们开始相信,上帝创造的奥秘已掌握在科学家们的手里,人类以自己的智力给自然界绘就了几近完美的知识蓝图。

随着实验技术的提高,物理学家们进入原子和亚原子层面。在微观世界打开自身的同时,对微观世界显现出来的一些物理现象的描述和分析遇到了极大麻烦。为了解决黑体辐射问题,普朗克1900年12月14日越过经典物理学的思维方式,提出量子论,开启一种思考微观世界的全新模式。这是一场由物理学激发的至今尚未完成的思想革命,就像后来量子力学领域的代表人物波尔说的那样:"如果谁不曾对量子力学感到震惊,他就根本没有理解这种知识。"

我们不必纠缠量子力学的专业知识,只须领略一下它带来的思想震撼和颠覆效果。下面看看量子力学的几个概念。

一是海森堡的不确定性原理(uncertainty principle),这一原理表明,微观世界任一互为共轭的物理量,如坐标和动量,不可同时具有确定值,粒子的位置与动量不可同时获得确定,位置的不确定性与动量的不确定性遵守不等式。这一原理在原子内部的表现就是,电子的运动没有任何规律可言,位置和速度不可为人同时得知,这与描述宏观世界的经典物理学相悖。对于这样的悖论,人们给出三种思路:1. 认为微观客体的物理量都具有确定值,不确定性的造成是由于人在认识或知识上的不充分,这也是爱因斯坦的见解,他认为,随着观测手段的完善或理性原理的发现,问题将获得圆满解决;2.不确定性原理是用宏观语言描述微观实验的必然结果,由于宏观仪器对微观客体的作用不可逆地改变了微观客体的状态,因此测量的不确定性在原则上无法排除;3.不确定性是微观客体属性的宏观度量表现,这种表现不等同于微观客体本身的属性。还有人认为,微观世界属于某种潜在可能性,测量过程使这种潜在可能性得以显示。

二是波粒二象性(Wave-particle duality)。十九世纪初,托马斯·杨完成双缝实验,证明光是一种波,1905年,爱因斯坦提出了光电效应的光量子解释,表明光具有粒子的存在特征。在光具有波粒二象性的启发下,物理学家德布罗意在1924年指出,波粒二象性不只是光子才有,一切微观粒子,包括电子和质子、中子,都具波粒二象性。2015年3月10日,科学家们通过试验捕获了光的粒子与波同时存在的场景。波是一种存在形态,粒子是一种存在形态,两种形态毫不相干,如何能够叠加在同一个微观客体上?两种毫不相干的存在形态是如何统一的?这些问题在经典物理学内均无解。对此,人们可不顾悖论地说,波也好,粒子也好,都是微观客体的独一无二的存在形态:粒子的实存即波的实存。

三是量子纠缠(quantum entanglement)。量子纠缠是粒子在由两个或两个以上粒子组成的系统中相互作用的现象,即:

使粒子在空间上分开,甚至相距遥远。两个相互纠缠的量子在没有任何接触可能的情况下,其中的一个在被施加某种作用时,另一个同时发生相应变化。粒子间的这种互相作用发生于它们之间没有任何信息交流,没有任何时间间隔的情形下,即使两个量子在空间上相距遥远,两者间的行为是同步的。这种不同量子的互动殊为神奇,爱因斯坦把这种鬼魅般的联系称为"幽灵作用"。

微观世界的神奇表现还有其他,这些现象的共同之处在于,经典物理学关于空间和时间的传统概念不再有效。在不确定性原理和波粒二象性中,宏观世界即我们日常生活于其中的世界的位置不再具有真实的经验意义,不再作为规定实在意义的真理,起码不能再作为实在的无条件的、自明的真理。支撑日常经验的"这里"与"那里"及其不可逆性一直以来都是世内现实客体的唯一限制,是客体的实存规定。实存之体,无论是个体的事物还是人格性的身体,都可能有其替身,但所有的替身都不是真身(真身是空,由此产生了代替空之真身的替身,它占据真身的"位置"却不是真身),都是虚假的与可辨识、可证明的。如果没有这种验明正身,一切惩罚都不可能,一切法律都不可能。一个罪犯或者曾在犯罪现场,或者不在,非此即彼。这就是我们所生活的,让法律的运行得以有效的世界。但在微观世界,诸如个体、身位这些在宏观世界得以确立的"位置"失位了,这些存在物的定位曾是世界之所以为世界,即此在的、现实的世界的前提。就微观世界而言,真实的不是"位置"(空间)上可以确定的东西,而是这种不可确定性本身。量子纠缠同时突破了日常时间对真实的规定,两个遥不可及的量子间的同步共频超越了作为极限速度的光速,发生于对时间的传统理解之外。于是有了"虫洞"的概念,"虫洞"不是利用时间和空间进行打洞,不是某种属于时间或空间的事物,而是在时间和空间内打洞,"虫洞"是时间或空间的危机本身。如果所有的"事"都必得用一定的时间在一定的空间内完成,那么"虫洞"就是非事、"无事":"事无事"(章六十三)。在"虫洞"概念下,遥远的他处不过是日常之我无法进入的当下!据说通过这种被称为"爱因斯坦—罗森桥"的虫洞,人们可以实现星际旅行。由诺兰导演的《星际穿越》(*Interstellar*)这部电影让我们看到,通过"虫洞",经过漫长星空旅行到达的遥远星际的折返点,不过就是那不可言表的此在,一个没有任何厚度、涉及主体的情感空间。①

量子力学中的量子纠缠同时也是作为"客体"的量子与作为"主体"的人之间的纠缠。观察和描述量子状态的手段和工具以及运用这些手段和工具的人不再是现实世界的中立看客,不再是裁判事物的立法者。主体在真相要求其介入的同时失去了他作为世界中心,作为万物尺度的位置。在量子

---

① 诺兰的电影,如《盗梦空间》,致力于揭示真幻之间分界的困境。一种在法律、知识意义上的分界并不能打开此在之人的真实维度。要紧的不是要最终解决这个困境,而是首先正视此困境,从而打开和保留那不可能的可能性。

力学中,作为观察者的人无法再分清是他在观察真相,还是真相在观察他,抑或是他在真相观察他时观察了真相。欧洲中世纪神秘神学大师爱克哈特说过一句让黑格尔再也睡不安稳的话:"我们看上帝的眼睛,与上帝看我们的眼睛是同一双眼睛。"

为了理解我们就老子提出的阴性思想,指出围绕微观世界显示出的种种奇特现象的争论是有益的。这争论发生在爱因斯坦与波尔之间。爱因斯坦对量子力学的关键概念"概率"嗤之以鼻,他深信,概率的存在只是量子力学理论不完善而已,只是量子力学还没有找到合理描述微观世界的理论而已。爱因斯坦相信"上帝不会掷骰子"。对此,曾到访中国并用太极图案绘制自家族徽的波尔回答说:"爱因斯坦,别去规定上帝该怎么做!"

爱因斯坦的思路与经典物理学一脉相承,我们可称之为阳性法则。阳性法则认为,一切事实都可以找到某种客观的、不以主观意愿为转移的描述。凡不能建立在经验理性范围内的,都不属于实在,都是幻象。在这层意义上,黑格尔的那句"凡现实的都是合理的,凡合理的都是现实的"就再清楚不过了。阳性法则的认识论背景是,相信时间和空间是自明的,无条件的,是一切合理性和实在性的前提。在这种前提下,人在保留其作为宇宙中心位置的同时(人本主义立场的基石),所有的实在与所有的真相都可以是一种书写性的理论,都可以是一种对象性的断言,否则皆虚幻不实。依据阳性法则,所有现实都是连续的（这是本质的确切意义），非关系者不能共存，更不用说形成统一的本质。阴性思想，就像在量子力学中的哥本哈根派那里一样，不再把实在限制于可客观化的描述，不认为实在必须符合经典的理论理性。由于阳性法则坚持事物连续性即非中断性原则，坚持逻辑一致性原则，世界的"深层"现实要么被无视，要么被视为虚妄不实。阴性思想决定"面对事实本身"，不是以已有思想，例如经典力学来要求和考察事实，而是打破已有思想传统，让"事实本身"进入思想。阴性思想不但不把非一致性、缝隙视为不真实，反而相信它就是真相本身。真相不是连续性，真相不是被经典理性思考为连贯性之本质的东西。阴性思想拆解人在宇宙中的传统认知位置，真正的知识曰"明"，乃"知不知"。

在微观世界，真是那些无法用宏观世界的表象进行命名、描述、分析、思维的"物"。真实问题的产生与哲学或者说思想的产生同时。在哲学产生前，出现在视觉中的可见物、传说中的鬼神、梦中的形象，等等，尚处于同一个存在层面，彼此在存在上等价。怀疑大概首先针对视觉直观：早上的太阳为什么与中午的太阳看起来大小不一，难道不是同一个太阳吗？如果是同一个，问题就出在观看者这里，于是产生了自我怀疑。惊奇及因此而来的哲学由此产生，但人不能永远怀疑自己，不能完全怀疑自己，人的世界生活必须拥有一定的确定性。通过某些概念，这种确定性被确立于思想，确立于理智的固有能力。在《理想国》中，柏拉图坚定地把真实看作思想的生命。

只有从视觉领域、可见世界上升到思想领域、理智世界，只有从眼睛的观看转向灵魂的观看，从生灭界走向理念界，真实才有可能。在由心智（Nous）而来的确定性中，由数学或几何学建立的确定性堪称典范（参《理想国》508D—510E）。

在近代，笛卡尔进一步令人印象深刻地把思想的确定性锚定在理智直观上。如果感性直观可以怀疑，理智上的自明性，即观念上的无条件性或直接性则不可怀疑。真实无需证明，它直接由理智直观给予。诸如"两条平行线永远不会相交"、"三角形的内角和等于两个直角"这些观念，它们是无条件的、直接的、真值的，因为它们是纯理智直观。理智直观之所以真实可信，在于观念本身的直接性或者说直观中的一致性，在于它们矛盾的不可能性，否则不可能上升为理智直观。数学、几何的诸观念（公理、公式、原则，等等）为理性或思想的确定性在表象上提供了不可辩驳的说服力。以牛顿为代表的经典物理学，以及爱因斯坦通过"上帝不会掷骰子"所表达出来的，正是这种对理智直观的坚持。

阳性法则的核心就是这种理智直观，当然还可加上诸如交互理性（哈贝马斯）一类，其本质无非是坚持理解上的一致性、非矛盾性，其背后的基础是存在层面的均质性和连续性。即使是绝对的多元主义及其申述的相对主义，虽以反对的方式，其思路仍旧摆脱不了这种基础。阴性思想不再把存在层面的均质性和连续性作为思想的基础，不再把时间和空间作为思想自明的框架。就像量子力学显示的那样，阴性思想不寻求非连贯性的最终解决,而保持自身于中断、缝隙产生的张力,它不但不把这种张力视为过渡性的、否定性的、虚假不实的幻象,相反视之为真相所在。在量子物理学看来,对经典力学不可能的东西,即超越理智直观的"物",正是真实所在,正是纯粹肯定。阴性思想不是从已解决之物出发去解决未解决之物,而是从无可解决之物出发去进行解决的操作或生产。阴性思想是完全开放的思想,置身于不可能性之内,在保持不可能性的同时让这种不可能性示现。阿兰·巴迪欧(Alain Badiou)关于"无一之多"(multiple-sans-Un)的思想,①可列入阴性思想之类。②

---

① 阿兰·巴迪欧著,蓝江译,《哲学宣言》,南京大学出版社,2014,特别见"前提",页10—18,"事件",页53—63。
② 当代哲学家当中,可列入阴性思想家之列且最具代表的人物当推巴迪欧、齐泽克及阿甘本。令人吃惊的是,巴迪欧和齐泽克思想中最敏感的因素都来自拉康有关女性(阴性)"非整体"(pas-tout)的阐述。阳性代表一致性逻辑,它是一种整体性的构建,阳性法则是一种把真理视为结构的理论。阴性思想则将例外接纳于自身,使自身的一致性不再可能,自身即断裂,即缝隙,即不能封闭的开放性,在女性(阴性)的"非整体"姿态中,真理是一种创造性的无漏,它使在阳性法则中受到压制和遮蔽的元素示现。巴迪欧在"论女孩的当代命运"讲座中,更是把他视为爱之思想的大二(Deux)置于女性的存在姿态中。在他看来,女性的姿态对立于男性以父亲之名实行的一致性权力,女性通过自身作为过程而非位置,作为行动而非理论,作为不存在而非存在,而使男性的大一(Un)无法凭自身去存在,去统治。女性思想在男性的权力游戏中是不可见的,哲学的使命就是促使女性的这种不可见的、无力的思想浮现出来,见阿兰·巴迪欧著,蓝江译,《何为真正生活》,中国人民大学出版社,2019,页87—97。阿甘本的思想在"感性"灵感上的支持则来自瓦堡的图像学,参"阿比·瓦堡与无名之学",见乔吉奥·阿甘本著,王立秋译,《潜能》,漓江出版社,2014,页125—145。

现实世界有一个可说是理想的情形能帮我们进入阴性思想之域。说它理想,乃是因为它在人们的心目中标志着完美,甚至在众多文化传统中被视为神。这理想的情形就是圆。决定圆之为圆,即圆的真理须恒常不变,这恒常就是一个以数的形式出现的圆周率 π。π 是一个无限不循环的无理数。在现实中看来是最完美形象的圆,其真理却是一个永远除不尽的无理性实在 π。这 π 打破了智的直观,无法被内含于一个封闭性的系统或世界,无法存在于作为理智直观背景的时间和空间。圆是世界内一个可见的形象,但决定这一可见形象的,作为圆的真理的,却是一种不容于世界内的实在。π 的实在超乎世界,永远不可能成为一种客观性或对象性的书写。经典力学期待的通过某个建立在理智直观上的,作为某种客观性书写的公式或原理被宣布破产了。世界的真理不是某种最终的解决,哪怕是可能的解决,不是把所有部分按结构装进一个封闭的系统中,最终构成某种由理智直观把握的整体或大一。世界的真理是某种过去没有解决,如今得不到解决,将来也无望解决的"物",此"物"去除了所有的客观性,既不为感性直观,也不为理智直观把握。恒常不变的是一个无理数,一个得不到解决,无可理解之"物"。就像 π 那样,无限除不尽即为源始实在,这实在比一切肯定都更肯定,超越一切肯定与否定的辩证法,是无待于否定的肯定。这就是纯粹肯定,纯粹得没有任何的客观性,超越了主观的理解能力。阴性思想虽不可理解,却不导致相对主义,没有给相对主义留下地盘。不可理解之"物"在阴性思想那里且唯有在阴性思想那里乃最高肯定、绝对肯定,即老子在《道德经》中所言的"常道"。

人们习以为常地把辩证法看作老子《道德经》的思想形式,但这种习常理解的所谓相生相克、对立统一的辩证法恰恰阻挡了人们进入和理解老子阴性思想。站在阴性思想角度看,辩证法并没有打破一个均质的、处于三维的时空世界。思辨性辩证法仍属于戏论,即智术之学,并没有超出柏拉图意义上的意见界。与之相较,阴性思想则是革命的辩证法。尘世间的相对性(章三:"有无相生,难易相成,长短相较,高下相倾,音声相和,前后相随。")不过是阴性思想对现象界进行把握的结果及现象界呈现出的限度,可以说,思辨性辩证法及其极端形式的解构主义①不过是阴性思想在尘世留下的影子。对解构主义而言,"无"等同于虚无主义的无"物",而在阴性思想那里,"无"就是那源始的肯定即真相。

阴性思想不会与排斥和打击它的阳性法则无关,它以伴随、穿越的方式与之开展不可避免的、耐心的对话,同时以不对称的方式(强力、革命)与之斗争。不对称在于,阴性思想从来不可能以论证的方式,人人能够接受和信服的方式揭露阳性法则是一种非真的戏论,所谓的论证,已然是阳性法则的要求了。柏拉图就是这样与智术师们开展斗争的。这是发生

---

① 辩证法意在将问题的解决予以推迟,将答案曲折化,解构主义则将这一原则激进化,将推迟和曲折恒常化,这就是德里达的"延异"观念。

在思想领域的统战。

唯有进入阴性思想域,它是无域之域,我们称之为境界,老子之道才示现,《道德经》才成为道的示现域。一切对道进行某种对象化探讨的企图,某种对道进行客观性描述的追求,早已在思想形式上错过了老子之道。我们决定不走这样的思想道路,不如此为道。道的示现激发了阴性思想,阴性思想示现了道,这里没有理智直观的事,更没有技术性思维什么事。这是命运,命运若不打破自身,就停止其为命运。必然性发生在某个不可直观的点上,这个点不在标示向度的线上,更不在可以在其上进行书写的黑板一样的面上。

对于理智直观来说,不可能性就是不可能性,不可能的可能性不可理解,它连在概念上都不成立,必被认为是虚妄的,就像处于同一位置的波与粒子一样。按照阳性法则,如果道不可言说,那么在此断言之后,一切对道的言说都虚妄不真,显得多余。得道的老子不应留下五千言的《道德经》,不言不语才对。"道可道,非常道"须为阴性思想,不可道之道就像那个作为无理数的 π 一样的实在,虽不可理解,却是纯粹肯定。真相与黑格尔认为的不同:不是合理的,而是无理的才实在。就像安瑟尔姆(Anselm)那句名言,"因为荒谬所以相信",这是对阳性法则的穿越和拯救。在阴性思想那里,荒谬与相信不假任何论证,它们内在地、直接地相关着。没错,《道德经》的真相不属于理智直观,而归属于忠信的领域,就像我们开篇说的,对老子所悟的真道,我们或者信而守之,或者不信而弃之。我们不妨以模仿的口吻,把阴性思想称为忠信直观。没有信的直观,老子之道决不示现,《道德经》不过是满纸荒唐语。

那么什么是道?哲学通常以"什么是"提问。然此问一出,道路封闭,道不可能是任何主观追问的某种对象、某种客体。据说是强老子写下《道德经》的关尹子写下的《关尹子》的棒喝非常响亮:"非有道不可言,不可言即道,非有道不可思,不可思即道。"(《关尹子·宇篇》)这使我们清楚了:并非有某种被称为道的东西不为我们言说,不为我们思考。"不可言"、"不可思"不是道的属性,不属于某种表语之类,"不可言"、"不可思"就是道本身!《道德经》没有任何习常意义的神秘主义味道,按照那神秘主义,道是某种必得通过秘仪或特别理解能力获得的东西。如果老子是这样的神秘主义者,那么《道德经》不过是老子故作姿态,装神弄鬼地把某种本可以示人的东西隐藏起来,不过是秘而不宣的方术:"方术之在天下多矣,或尚晦,或尚明,或尚强,或尚弱。执之皆事,不执之皆道。"(《关尹子·宇篇》)"不可言"、"不可思"不是说说而已,不是说明道的什么,而是道本身:"惟不可为,不可致,不可测,不可分,故曰天曰命曰神曰元,合曰道。"(《关尹子·宇篇》)

道作为纯粹名称,与客观性断言无关,对人来说,它无以得亦无以失,无可失亦无可得:"以不得道,故不失道。"(《关尹子·宇篇》)通过建立在阳性法则上的知识,我们无以进道,无以悟道:"若以言行学识求道,互相展转,无有得时。"(《关尹子·宇篇》)关于道,唯有无知之知,唯有"知不知"。

德

苏格拉底说自己的过人之处，就是他知道自己的无知。如果我们把无知理解为知识的缺乏，认为犯错是由于知识的不足，那么这仅意味着，真知出于知识的积累，是知识进步的结果。这样真知就属于可以实证检验的那种，苏格拉底在此并没有什么根本的过人之处。但如果无知是知"无"，知即无知，乃无知之知，真知与那种建立在实证检验上的学科知识无关，与技术性的知识无关，如果辩证法针对的是把真知局限于学科性知识的执着，如智术师那样，那么苏格拉底的伟大之处就在于，他不仅反对传统的神话叙事自称的对真知的占有，也反对代表时代潮流的技术性知识对真知的拥有。对于无知之知，对于作为无知之知的真知，不以死无以捍卫。验证真知的唯有通过死，唯有在现世中就能死去的主体方为真知的所在，"故闻道于朝，可死于夕"（《关尹子·宇篇》）。如果不遵循苏格拉底的无知，柏拉图《理想国》里的"理想"也不怎么理想了。在柏拉图那里，由于"理念"，人生活在一个知识的世界内，世界万物以它们的可知与人相交，但"理念"本身却不归属于知识世界，并不作为可知之物与我们打交道。① 理想的实在如果不是作为不可知性本身，不是作为在世界内不可实

---

① 参阿兰·巴迪欧著，曹丹红、胡蝶译，《柏拉图的理想国》，河南大学出版社，2015，页395,413。

现本身、不可能性本身,理想就不再是生命意欲的理想。

如果道不是对象,不是客体,而就是不本身,无本身,那么得道如老子者就一无所得;如果道不可知,不可道,而就是不可知本身,不可道本身,那么得道如老子者就一无所知。这一无所知,恰恰就是知,即老子所言的"明";这一无所得,恰恰就是得,即老子所言的"德"。无知不是白痴状态,不是入睡状态,这种状态仍为日常知识所描述,无知的真相并不在某种可学和可用的知识(技能性知识)与这种知识的缺乏或没有之间。无知是真相虽运行于却不能证明于可学可用知识上的觉悟,无知是个体的觉醒态,是规定哲学之为哲学的那个惊奇,个体由此惊奇而进入主体,进入真相的进程。主体是觉醒的个体,一种超越了内在与外在、主观与客观二元对立的真正内在性,真正灵性:"不出户,知天下;不窥牖,见天道。其出弥远,其知弥少。是以圣人不行而知,不见而明,不为而成。"(章四十七)"众生逐于外,贤人执于内,圣人皆伪之。"(《关尹子·匕篇》)

德即不得之得,是上升到主体的觉醒个体,他们就是《道德经》里的圣人:"圣人之权归于无所得。惟无所得,所以为道。"(《关尹子·宇篇》)真相之道如果不是客观性的书写,如果不是主观性的理智直观,那么真相之道只能是圣人的身体或姿态,即圣人的修真生活。道在圣人,并非是道作为某种实体,某种真理的理论降临到圣人的身体上。道在觉醒的主体化身体示现,与某种外在性或客体性的到来无关,它是主体在自身信守中的姿态。道作为没有任何客观内容的纯粹名称,只有在主体的忠信中,在主体化圣人的修真生活中,才一同构成和进入真相的过程。

《道德经》之道不可论证,不可示人,唯有与圣人为伍,道才示现,就此而言,道与集体性相关。用传统的话说,道只能契,只能冥:"是以善吾道者,即一物中,知天尽神,致命造元。学之,徇异名,析同实。得之,契同实,忘异名。""一情冥者,自有之无,不可得而示。一情善恶者,自无起有,不可得而秘。一情善恶为有知,惟动物有之,一情冥者为无知。溥天之下,道无不在。"(《关尹子·宇篇》)冥契不是主体与某种神秘客体的秘密接触交流,不是某种不可言传的信息的传递,而是主观个体的自我放下,是非主观的无我主体的生成过程:"是以圣人后其身而身先,外其身而身存。非以其无私邪?故能成其私。"(章七)圣人从他在世界内的意识性位置退出,从技能之知退出,这时他就召唤了道,并以真道的方式经历这个世界:"心既未萌,道亦假之。""圣人之道,本无首,末无尾,所以应物不穷。"(《关尹子·宇篇》)

圣人主体无私可言,它开辟出一个建立在圣人身位上的共体。① 圣人与圣人在道内冥契,言外之道尽在言中,自不待

---

① 真相首先不是走向文字,走向著述,而首先关联历史中的某个身体,不是真相降临到这个历史的身体上,而是真相在这个身体上获得了历史性的位置。真相与身位的这种关系令人印象深刻地体现在基督信仰上,按照此信仰,真相就是耶稣基督这个历史性身体,以及建立在这个身体上的共体即教会。所以我们看到,圣体(共融)的概念在救恩性教会论中至关要紧。耶稣没有著述,佛陀、苏格拉底、孔子也没有著述,他们把宣告的真相建筑在围绕他们身位的共体上。

言。但对没有悟道的众生,情形却不同:"彼未契道者,虽动作昭智,止名为事,不名为道。""不知吾道无言无行,而即有言有行者求道,忽遇异物,横执为道。"(《关尹子·宇篇》)圣人主体在众生中的存在就像一个点,这个点不为众生所知,没有任何新颖之处,没有任何可惊奇的,这是圣人的和光同尘。圣人无我无为,完全不可能暴露自己为圣人,更不会宣告自己是圣人,但正是在这个不可见的点上,圣人区别于众生。圣人的高明在于他知众生之所知,而众生不知圣人之知。圣人之知无以示人,如同一个没有位置的点,如同黑暗:"吾道如处暗。夫处明者不见暗中一物,而处暗者能见明中区事。"(《关尹子·宇篇》)圣人能经历众生的处境,而众生却不能经历圣人的境界,将圣人与众生分开的那个不可见的点的实在性或真相,只有圣人才知,这就是圣人的"自知"、"自明":"勿以行观圣人,道无迹;勿以言观圣人,道无言;勿以能观圣人,道无为;勿以貌观圣人,道无形。""圣人以有言有为有思者,所以同乎人;未尝言未尝为未尝思者,所以异乎人。"(《关尹子·极篇》)

众生知日常,且以此知为真知,他们坚信理智直观不可超越,相信理智直观(阳性法则)是真理的最终形式,是无条件和自明的;圣人亦知日常,但不以此为真知,他们相信理智直观不是思想的全部可能性,无条件和自明的只能是不可直观之"物",即不可知性、不可能性本身,真相属于阴性思想。这就是老子在《道德经》中所言的"知白守黑"。"白"是日常之知,技能性知识,它的法则是理智直观,"黑"则是不可示现于理智直观之"物"。对于"白"来说,"黑"是不可能性,是不可思不可见之"物",是非连续的,缝隙一般的纯粹名称。面对这"黑",众生不承认且以为虚假不真,圣人则虽知其不可证明、不可讲解、不可传授却信守不懈。道保持自身为纯粹名称,在于圣人在自身中守道不懈,似乎圣人不守不信,道将不存。

对于不能提供给理智直观的作为纯粹名称的"常道",圣人唯有守,唯有信,但不是"我"守,"我"信,而是在信守中进入真理的无我主体化过程,进入道的示现:"知言无我,故守之以信。"(《关尹子·极篇》)"苟知吾心能于无中示有,则知吾心能于有中示无,但不信之,自然不神。"(《关尹子·鉴篇》)道本无,根本没有什么客观的道体,没有什么知识论上的道体论,唯有在主体性信守的姿态中,道方示现为肯定,且示现为无之肯定。道在哪里?道在圣人的信守中,道在于守:"知白守黑"、"知雄守雌"!

在《道德经》中,老子之道不可落实于书写语言,它是圣人的修身、修真之道,是圣人之德。通过修身、修真,圣人身体不再置身且依据于欲望的位置:"圣人不异众生,特物不能拘尔。"(《关尹子·极篇》)通过与道合真的修真、修身,道与得道者的身体关系超越了时间与空间的间隔,处于"一息"的关系中:"习射习御,习琴习弈,终无一事可以一息得者,惟道无形无方,故可得之于一息。""一息之道能冥万物,物亡而道何在。"(《关尹子·宇篇》)道之于圣人身体之在乃"一息",它的实在不示现于学习性的、技能性的知识,而示现于圣人的存养。如果你不相信,不守护,就没有存养可言,如果没有存养,就没有道的实在性可言。

名

道不是对象性实体,不是在语言系统中拥有能指的所指物。如按结构语言学的说法,语言是一个具有差异性结构的自洽系统,那么道在此一差异性系统中没有位置可言,它是系统内部差异与系统外部差异的差异。道是纯粹假设、纯粹假名、纯粹名称。道并不知道自己指什么,或者说,道只知道自身是自身之无。凡是有内容的名称,有所指的名称,即运用于日常世界内的名称都与作为纯粹名称的"常道"无关:"名可名,非常名。"(章一)

就真理而言,圆周率 π 与世界上任何具体的圆无关,即使关于圆的数学未曾出现在世界上,π 依然实在,依然独立实在。如果牛顿未曾发现万有引力及其定律,我们很可能至今还认为高处物体向下的下落属于物体本身的必然性,但无损于由万有引力设定的真理程序的独立存在,尽管我们对此一无所知。当老子说道先于天地万物而在时,道作为先天之"物"时,情形也是这样:道是没有任何内容的纯粹名称,独立于、"先于"天地万物而在,这一先验之在既不可知亦不可言。但就真理的示现来说,圆周率 π 与世界内的表象之圆无法分离,如果没有圆的世界表象,圆周率 π 作为无理实在也无从说起。道之于万物也如此,道不是万物中任何一物,也不是万物外的另一物,对于我们不能问它是什么的道,天地万物亦不能绕开它。道以它之于万物的先验,以它的非内容,以它的无而游戏于天地万物:"一道能作万物,终无有一物能作道者,能害道者。"(《关尹子·宇篇》)"天地虽大,有色有形,有数有方。吾有非色非形,非数非方,而天天地地者存。"(《关尹子·柱篇》)

道虽不在时间上先于天地万物,却是化育天地万物者,道虽没有任何物理性作用,却遍布天地万物。天地万物从道那里获得其存在,获得其肯定,但天地万物从来不能言说道的存在,书写道的肯定。道对天地万物的"化育"、"遍布"既超出了天地万物在感性上的直观,也超出它们在理智上的直观,如此"化育"、"遍布"发生在时间和空间的破碎处,不但超出了语言的能指与所指的关系,也超出了诸如象征这样的指示作用。

道既不是从天地万物的日常状态中为老子所得(日常状态之所以如此,在于这种状态与存在的真理即"常道"不相关),也不是从天地万物之外突然降临到老子身上(道作为非常状态,作为例外并不后于天地万物的表象,似乎由表象的抽象而来)。道外无物,一切事物都在道内,道却在事物中没有自身的位置。道在成物之际示现自身,示现自身为无,示现无之肯定、无之永恒。这就是道的物物而不物于物:"惟其能遍偶万物,而无一物能偶之,故能贵万物。"(《关尹子·极篇》)这是道的普遍性、大公性:"全虚之道体,既全成了有名之万物,是则物物皆道之全体所在,正谓一物一太极。是则只在日用目前,事事物物上,就要见道之实际,所遇无往而非道之所在。"①真正的大公性与诸事物属性或特殊性的归纳、总结、概括无关,与它们的共性、存异求同的公约数无关,大公性关联着存在真理的"常道"的形式而非内容的在此,大公性就是那个正在失去常态位置的"这"、"此"。道不是以时间和空间的方式在物,而是以非时间、非空间的顿挫(césure)方式在物,即关尹子说的"一息",让我们再读一次上面说圣人时引过的那两句话:"一息之道能冥万物,物亡而道何在","习射习御,习琴习弈,终无一事可以一息得者,惟道无形无方,故可得之于一息"(《关尹子·宇篇》)。这个顿挫、"一息"就是"即用即体"之"即":"色即空,空即色"。② 永恒的瞬间并非某种短暂的时间,而是时间的不可能性,是时间的自身溢出。充溢是完全的开放,没有什么因其身份、因其内容的差异而不受欢迎和接纳,此乃大公性、普遍性真解。

憨山大师以佛教的止观读解老子的《道德经》,这点很有启发。③ 止观破除从我出发对客体的断言,破除作为客观投

---

① [明]憨山著,梅愚点校,《老子道德经解》,崇文书局,2015,参"发题",页12。
② "即"可把握为海德格尔关于存在与存在者差异之类,乃最少的、最微妙的、不可理喻的差异。在这种最小差异中,根本不同者却被接受到同中,没有任何的损失,如焦竑言:"不减色以为空,色即是空;不捐事以为空,事即空。不然,其所谓无者为对有之无,而所谓有者为对无之有。"[明]焦竑撰,黄曙辉点校,《老子翼》,华东师范大学出版社,2011,页4。
③ [明]憨山著,梅愚点校,《老子道德经解》,参"发题",页5—10。

影的真理观。止观发生于无执,既不执着于客观,也不执着于主观,既不执着于有,也不执着于无。止观是超越主观与客观非此即彼的纯粹内在性,这种纯粹内在性仅在实践过程中示现:在无中命名万物,通过命名万物而命名无。命名者或者命名的过程不可命名,它是纯粹名称、假名(空名)。作为假设之名的假名,它本是至真,但这种真理唯有在主体姿态即圣人之德中才示现。日常生活组织于普通名称,它的个体是作为意识形态的众生。意识形态与真理进程都包含着"以为是",前者是众生在普通名称下的"以为是",后者是圣人在纯粹名称下的"以为是"。

道作为纯粹名称,就是老子所言的"无名之名",即"朴"。对于朴,唯有守("守朴")。朴是无之名,是无名,是空名,守朴即是以空、无为肯定,即是让空名作为空名,当然,也就是让存在(空)作为存在。让存在作为存在(êtres en tant qu'êtres),这个"让"属于主体姿态,即圣人之德,唯有在主体化的真理进程即圣人之德中,存在才作为存在,无才作为无,道才作为道,尽管它们仅是纯粹名称、空名、无名、朴。圣人所信守之道、空、无的客体化,或者说"物",不过就是主体姿态即圣人之德本身。"物"是姿态,它既在天地万物内,又不是任何的具体事物,不接受任何从具体事物而来的命名。"物"属于那个由量子力学的波粒二象性打开的领域,这是一个非领域的领域,是真正主体伸展自身的境界。在如此主体之"物"示现之处,有着在所有文化、民族、血缘、国家差异中无条件地是普遍性、大公性的

"常道"。"常道"对于一切就是一切,"对一切人,我就成为一切(τοῖς πᾶσι γέγονα τὰ πάντα),为的是总要救些人",宗徒保禄如是说(《格林多前书》9:22)。第一个"一切",是所有拥有具体方式的身份性实存,如犹太人、希腊人、中国人;奴隶、主人;男人、女人。我们还可以接着保禄进一步说:生物、非生物;人、非人;物体、细胞、分子、原子、光子、量子,等等。第二个"一切"有两层意思,既指每个个体,又指大公、普遍。保禄在此欲宣告,在卷入拯救事件的过程中,在真理的过程中,"我"的位置就是每个他人的位置,每个他人的位置就是"我"的位置;每个主体的位置就是大公、普遍的位置,大公、普遍的位置就是每个主体的位置;在拯救或真理事件中,主体即大公,大公即主体,两者之间是一种没有关系的关系,这种内在的直接性不可示现于时间和空间内,它是使时间和空间丧失自足性与自明性的新维度。大公、普遍不是任何实存之物,在天地万物中无形无名,没有任何知识可言,唯在圣人主体化的姿态中示现。在柏拉图那里,大公、普遍是从洞穴外回来的圣人不能带回、不能言说、只能守护的光照,这守护性光照虽不可言说,却使众生眼里的世界在圣人那里焕然一新:"旧的已成过去,看,都成了新的。"(《格林多后书》5:17)①

---

① 关于真理与主体化姿态(忠信、希望、爱)的关系,以及由此展开的大公性理解,参 Alain Badiou, *Saint Paul: La fondation de l'universalisme*(《圣保禄:大公主义的建立》), Presses universitaire de France, 1997。关于独一性与大公性的关系,特别参第十章"大公性及其对诸差异的穿越",页106—113。

人在尘世间的行程表现为他可见的身体在其一生的时间中的存活,表现为他肉身性身体的持存,这时,天地万物展现为他存活的空间及可资利用的器物和食物,这是一个可认知、可控制、可满足人的生理、心理利益的世界(众生眼中的幸福不过如此)。在这个与肉身性身体共构的世界内,"常道"并不示现。"常道"关涉个体的主体化生成,关涉圣人的修真、修身,具有拯救性。《道德经》虽也有些关乎世道人情、家国治理的教导,但其大端无疑是道与德的确立,若没有可穿越死亡的道与德的确立,一切皆为戏论,一切都是虚无主义的把戏:"圣人以可得可行者,所以善吾生;以不可得不可行者,所以善吾死。""闻道之后,有所为有所执者,所以之人,无所为无所执者,所以之天。"(《关尹子·宇篇》)

讲虚无的《道德经》最终要克服的正是建立在日常世界意识形态上的虚无主义!

上 篇

章 一

道可道,非常道;

1. 既然"道"不可为人所道,为何又有《道德经》五千言?老子西去,本欲与所修之道一同消失,但碰上了关令尹喜的强求。《道德经》源于强求,始终置身于一种强力的背景,这让整篇经文散发"不得已"的语气。

关尹强求《道德经》的事,或许有假,但这个传说的流传本身,同样给出了解读《道德经》的一条不可忽略的线索:对不可道之"道"的言说始终面对强力(权力)问题,这种权力是我们生活于其中的这个世界日常意义的一般性结构,得道者既置身于日常生活中,又与这种生活的日常意义(意见)保持距离。如果关尹对老子的请求是一种强求,那么问题不仅关乎关尹一人,也不仅关乎关尹与老子的关系,而且更关乎得道者老子的姿态以及《道德经》的言说本身。

《道德经》的言说遇到暴力、权力,其中的关键体现在对不可道之"道"的言说要反复地回到语言内,回到形象域内。《道德经》对"道"的言说一方面要远离"指事造形",①另一方面又充满形象,始终离不开形象。"道可道,非常道"本身就是言说,这言说暗含着权力构造的拓扑性曲折。

《道德经》在致虚静的同时也展示了暴力、权力的扭曲及其造成的创伤。②

老子最终西去,隐没于西方,他即将投身于另一种对他来说陌生的语言中。得道者老子即将从说母语的地方离开,走向讲外语的远方。"道"似乎更纯粹地存在于讲外语的遥远西方,"道"如果不是这样纯粹地存在,老子就不能在汉地著《道德经》,在《道德经》中用汉语言说"道"。《道德经》就产生于这样的一个时刻和地带:"道"在走向并消失在纯粹的西方中,《道德经》成书并留于东方!

---

① [三国魏]王弼注,楼宇烈校释,《老子道德经注校释》,中华书局,2016,页2。

② 按乔吉奥·阿甘本的思想,人是没有根基的存在,为此须在一种实践的意义上自我立法,古代的带有暴力性质的祭献就是这样的一种行为。通过祭献实践,牺牲品被排除在外,从而使共同体获得边界,使人生存的无根状态获得遮蔽,构成祭献暴力的是人的无根性,祭献本身把人生存的不确定性通过神圣的引入而变成一种不可忆起的开端,从而为人类共同体及其合理性立法。神圣的引入是为了开创和平,但保证神圣以及这种和平的却是一种暴力实践,参乔吉奥·阿甘本著,王立秋译,《潜能》,页199—202。老子《道德经》要给人带来和平、宁静,但它是通过把人引入断裂以及由断裂形成的实践实现的。道所以永恒,所以是常道,乃在于它永远保持其非一致性,非连续性:"道可道,非常道。"与阿甘本祭献意义的立法不同,老子《道德经》的立法不是一种遮蔽实践,而是一种揭蔽作为。

关尹问老子什么是"道"。老子答说用人与事物打交道的语言说不清。就关尹问的"什么"而言,老子的回答可算什么也没说。对关尹的盛情接待以及他对真理的热情,老子不能没有姿态,他果然没有戛然而止,而是把话说长一些,他得对"什么也没说"说些什么。"道"即使什么也不是,也不会与做人的道理一点不相关,否则老子连"道可道,非常道"这样的话也不必说出口了。

2. "道可道,非常道。"不可道使得对"道"的理解与它的平常意义不再相关,说"道"是道路也好,是道理也好,是语言也好,都无助于对"道"的领悟。"道"既不是"经术政教"(河上公《河上公章句》),也不是"指事造形"(王弼《老子道德经注》)。在此,"道"只是一个纯粹的字,纯粹得以至于不能说它是一个汉字,而仅是《道德经》里的一个没有人能认出的,因此是无法记忆也无法运用的记号:"道"仅仅被标记为汉语的"道"字。这意味着,"道"是一个自身唤起的记号,《道德经》就是这样的一种"道"的自身唤起。不可道之"道"首先指向陌生、非常,它悬置了我们熟悉的日常世界,设置了理解《道德经》的境域和风格。按魏源的说法,老子在《道德经》开篇即说"道可道,非常道",是为拦住那些对《道德经》进行日常语义学阅读的人,拦住那些一上来就问"道"是什么的读者:"至人无名,怀真韬晦,而未曾语人,非秘而不宣也。道固未可以言语显而名迹求者也。及迫关尹之请,不得已著书。

故郑重于发言之首曰:道至难言也,使可拟议而指名,则有一定之义,而非无往不在之真常矣。"①老子并非故意不把"道"讲清,故意不示人,故作高深,实则是"道"乃难言之"常"。

生活就是把世界通过认知不断地变成一个熟悉的周边,变成"我"的环境,事物的意义过程不过是事物的熟悉化过程、主观化即我化的过程,但日常的熟悉不等于对生命的切近,相反可能招致生命的迷失。在日常意义的把握中,生命同样被当成了身外的事物,成了在"我"内的一个可见的身体。"我"永远自明,是一切疑问必须停下来的地方,一如笛卡尔所言。问题或许就在这里:切近生命需要陌生,需要惊奇,需要哲学,生命须经由遥不可及的远方才能回到自身。在那远方,"我"还没有语言,还不能说出"我"。

"道"作为一个纯粹的字就是纯粹的声音,一种没有任何表达性和符指特征的声音,它不指示自身之外,不指示某物。"道"作为纯粹声音不把自身提供给某种具有认知能力的听觉,不提供给空间性知觉。这纯粹声音不表达某物,不来自某物;它不在任何的位置上,它先于任何位置。"道"作为一种纯粹声音,既不发出,也不传达,在那个时刻,听这种声音的能力与这种声音还不曾被分别开来,听者与被听者虽在不同层面,却是同一回事。"道"作为纯粹声音就是无声,纯粹的寂静:没有源头,没有位置,它只是在(差异):不在之在(差异的

---

① [清]魏源著,黄曙辉点校,《老子本义》,华东师范大学出版社,2010,页15。

差异)。"道"只是在,是涉及现实却又永不实现、永不现实化的潜能。①

这就是没有开端的"道"的开端:一个禁止进入开端的开端,或者说,一个仅作为回归姿态的开端,一个在抹掉之际才呈现的记号,一个纯粹记号。

3. 按《圣经》所载,梅瑟欲问神(Deus)的名字,以便让以色列人明白自己受了谁的派遣来领导他们。神回答他说:"我是自有者。"(《出谷纪》3:14)这句话的希伯来语原意是"我是我所是"。梅瑟本来希望从神那里听到一个可传达给以色列众生的名字,但这个"我是我所是"却无任何可传达之物,无任何信息需传达。这意味着,将以色列人聚集在梅瑟周围的不是由于某种可传达的信息,而是出于一个不可言传的名字,一种作为纯粹声音的寂静。实际上,由梅瑟之问而来的四字神名(Tetragrammaton),即 JHWH(据说最早的经文就是如此,仅见这四个字母而已)是不可发音的:以色列人无法知道他们所信奉之主的名字的发音!至于后来以色列人念四字神名如耶和华者,不过是他们经常用"主"(Adonai)标注四字

---

① 潜能永远是不能消除和减损的"不",是完全的消极性,潜能永远以这种"不"的方式与现实发生关系,即现实化。在潜能与现实的关系生成中,在潜能的现实化中,潜能丝毫没有改变它作为纯粹的"不",没有任何来自潜能的内容上升为或变为可见的现实,潜能之所以是潜能,恰在于它与现实的关系生成中,在现实化中保存其"不",参乔吉奥·阿甘本,《潜能》,页304。

神名后产生的后果。这个神圣的自有者拒绝一切带有人声的称呼,一切带有人声的称呼都倾向于"指事造形",都倾向于指向声音外的某物,那是偶像崇拜的根源。自有者是最纯粹的声音,是无声,是寂静之音。以色列人根本无从知晓神的名字,在神前,人哑口无言,只以"主"相号(参《创世记》4:26)。

4. "道可道,非常道"中的"非"不但排除了对常(恒)道在日常意义上的言说,更是对这句话作为陈述和判断句式的排除。通过这一"非"字,"道可道,非常道"作为我们日常理解的句式和语义被排除了。"非"把"道"从日常言说中排除,把"道"从"道可道,非常道"中排除。任何在日常意义上的具体陈述或断言,都不是有关"道"的真相的。"道"的真相不在于某种陈述或断言,似乎我们能通过陈述或断言拥有"道"的真相。然而,恰在言说被排除的地方,在言说"道"的陈述句"道可道,非常道"被排除的地方,即那个因排除而发生的废墟和空穴并非乌有,它是一个"非无",一个痕迹,一个零余:"道可道,非常道"中的"非"对"可道"的排除,对"道可道,非常道"作为断言的排除,并不把被排除者排除到一个其他的领域,一个别于言说的领域。并不存在那样的一个领域,不可言说的"道"似乎存在于一个非言说的领域。这个被排除于"可道"领域的"道",就在排除的行为本身中,以一种非日常意义的方式,以一种非陈述、非断言的方式,亦即以一种被排除的方式在此:"道"仅是"道"而已,"道"

仅是"此在"而已。这意味着,言说"道"的这句"**道可道,非常道**"不再作为领域,不再保持自身为一个领域。这是"内"与"外"发生错位的时刻,就像吕惠卿注说的:"为道而至乎常,则心凝形释,物我皆忘,夫孰知道之可道,而名之可名哉?"①在"道"不再作为一个"指事造形"的名称之际,它化身为自身永远不现实化的潜能,化身为纯粹生成(Become)、纯粹差异:"道"就是不可为的行为,就是没有开端的创生,"道"就是生命本身的"生生不息"。

按《说文解字》释"非":"违也。从飞下翅,取其相背也。"鸟的两翅在背的两侧,两者相背,但正是有了这种相背的姿态,鸟才可振翅高飞。"非"的相背性导致了飞的姿态,导致了一种永远处于不确定状态的、正在失位中的姿态,②这就是"非"的常态:"非"导向一种永远不可能成为领域的领域,它的自身永远外于自身,似乎它的自身与非自身乃是同一自身:

---

① [宋]吕惠卿著,张钰翰点校,《老子吕惠卿注》,华东师范大学出版社,2015,卷之一,页1。
② 通过对康德二律背反的分析,齐泽克演绎出一种不同于逻辑矛盾的否定含义。逻辑矛盾的结果是否定的无,是虚无,这是一种与肯定性,与真相无关的零度。而二律背反则不同,其结果不是被剥离了观念的空无客体,而是被剥离了可直观客体的空无观念,因此并非是非物的乌有。齐泽克把这种与否定判断有分别的二律背反导致的立场称为不定判断(indefinite judgment),不定判断的否定并非把被否定者完全排除在主语之外,而是使这种否定性位移到主语身上。"道可道,非常道"这句话因此表明,不可说并非是"道"的一项性质或特征,不可说本身就是"道"。用描述现象界的话来说,"道"乃"既非……亦非……"。参斯拉沃热·齐泽克著,夏莹译,《延迟的否定:康德、黑格尔与意识形态批判》,南京大学出版社,2016,页157—164。

飞(非)。可以说,正是相背性产生了飞的动态,飞的动态在于它位置的不可能性、不确定性、"无"(差异)性。"道"的实定性(positivity)即"常"就处在这种"无"(差异)的动态中("真常者指其无之实"①),处在位置的生产过程中,处在"无"的位置或位置的"无"中。进言之,"道"与其说是某种实体,不如说是一种正在进行自身奠基的行动,这一行动在一切理论与实践的辩证关系之外,在一切可预知性和可确定性之外,乃是纯粹事件(Evénement pur),一个永远错失对称性、与问答的常识逻辑无关的奇迹。②

"道"的这种非言说性、不可言说性开放和保证了言说的可能性,开放和保证了日常言说的效用。正是"道"的这种非陈述性和非断言性,开放和保证了语言在日常生活中作为陈述和断言的效用。

---

① [清]魏源著,黄曙辉点校,《老子本义》,页15。
② 游泳的情形就是这样的事件。谁是第一个触及游泳的秘密,即明白在水中不断游动就不会下沉的人?一定不是某个理论家,而是第一个不慎掉到水里,为求生而不断挣扎扑腾,最终安全上岸的人。游泳的潜能就在那里,一直在那里,但一直为常识所遮挡,它的出现完全是偶然的,奇迹般的,但一旦被发现,它打开的是一幅全新的景象,有如新天新地,有如生与死的转换。纯粹事件突如其来,没有任何可准备之处,没有任何事前推导之处。应该说,事后的推导和理论准备无不是回溯性的,亦即:由事件而来的理由、理性无一不是回溯性的效果和结果。就此而言,牛顿对万有引力的发现就是典型的事件,在此事件中,奇迹与理论以最不相关的方式无法彼此分离!在这里值得指出的是,三位著名的当代激进思想家巴迪欧、齐泽克、阿甘本共享着对事件的理解,或者共享着由事件而来的理解力,尽管他们的论述不尽相同。

5. "道可道,非常道"是关于"道"的言说吗?是又不是。在内容上,这句话不是关于"道"的任何言说,但在形式上它就是"道"的言说。这就是言说本身的悖论:站在"道"的位置上,形式总是多于或少于内容,早于或晚于内容,以此抵抗着与内容的绝对融合或混同。更关键的是,这种多于或少于内容的形式,它正在自身转化为内容,使自身与内容无法再度分开,这是一种不为日常陈述或断言所指称和发现的"物",它像幽灵一样存在。"道"并非不在字面上,但却与字面的日常意指无关。

这是否意味着,"道"总已自身转化或转向,总是一种化身(身体化)了?站在"道"的位置上,人身是一种转喻发生的典型场所:当人们刚把"道"确认为一个视觉对象,即形象时,它就立刻转化为声音,当人们要从声音中听清它的意义,把握它的所指时,它又似乎变成了一种气味,就这样,它在人的五官的不同功能中漂移着。① 如此一来,"道"的自身显现总已推迟了,或者说,总已在另一个位置上了。这就是"道"的过之(已经)或不及(尚未)。如此说来,是这一不作为任何感官对象的"道"引发并形成了身体的通感或转喻机制。"道"就在身体"内",却又永远不为"我"所知,似乎得"道"的身体比

---

① 量子力学渗透到科学的各个领域,例如生物学家甚至证明,我们的嗅觉,不是由于我们一般认为的,闻到物品的分子产生,而是像我们的耳朵一样,是由于"听到"了物品中亚原子颗粒的波动产生的。这种量子生物学颠覆了传统生物学。

"我"还先在。当身体作为这种转喻机制或通感处所时,"道"就以一种绝对差异的方式(类比的方式)自身肯定着。

"道"是一个字,在这里是一个汉字,但这个汉字没有确定的意指,它没有通过指向自身之外或指向自身之内而形成一个自我中心,或者形成一个围绕中心的整体。"道"是非中心的,非结构的。"道"这个在《道德经》中的汉字没有确定的意义,它的意义似乎早已化身为一种声音,这声音没有发声者,不从任何产生区隔或距离的位置发出,它不是一个具有意义的记号,不是某种带给已拥有自己立场的、拥有自己定义的人的信息,不是某种可以解码的信息。就此而言,"道"犹如幻听,它无法在日常现实上被证实,但又具有无法化约、无法解除的实定性,比一切通过实验证实的理论,比所有人为的理论都更具实定性,它因此是多于或少于整体性理论的思想。"道"抵抗着任何针对它的实证性验证和实证性标准,它无非就是对任何实证性验证和实证性标准的抵抗、斗争本身。在企图实证"道"的地方,指明"道"的地方,都无"道"可言。"道"无法被正视,就像我们无法正视太阳,太阳的正面只出现在我们闭上眼睛的时刻。

作为幻听,"道"不是幻相的后面或里面包含着的真相或不变的内核,并非我们通常认为的那样,现象后面是本质,面具后面是人面。"道"的幻听由它自身呈现、激发所致,"道"没有自身的位置,没有自身的整体,它仅是并永远以错位的方式(类比的方式)示现。"道"的"是"只是"像"、"好像"、"似乎":"道"的真就是"如"。

6."非常道"可有两种解读,一是把"常道"视为一个词,像大多数人的看法那样,这样,"常道"就是恒道,指永远不变之道;二是"非常"连读,意为非同寻常的、别具一格的,这样,"非常道"就并不意味着"道"不可以言说,但要采取一种与日常言说不一样的、别具一格的言说方式。这两种解读哪种正确?或许,我们在这里可视老子在玩一个语言游戏。汉语,特别是古代汉语拥有这样的结构特征:两种读法不但可行,而且同时具有真值。如果是这样,那么"道可道,非常道"就意味着,"道"的无法言说与一种别具一格的言说不仅不互相排斥,而且是同一事情的不同方面。如果真是这样,那么我们从"道可道,非常道"吸取的一个重要教益就是,若非通过并在言说的层面,"道"的不可言说本身也是不可能的,要使"道"的不可言说成为一种可能性,必须伴随并穿越言说的过程,只有在穿越言说的所有路途之际,"道"的不可言说本身才被掷回给"道"自身,与"道"相关。任何对"道"言说的不足或不可能,恰恰依赖于对"道"的过度言说。"道"是一种纯粹的肯定性,"道"的不可言说必须是一种言说事件:沉默、寂静须示现于喧哗处,沉默不是喧哗,但在喧哗内。法律也是如此,法律本身依存于强力、权力,但推翻或否认法律,令法律失效的,不也正是强力、权力(革命)吗?法律可以是规范(规范强力的范围),法律可以是例外(强力即法律),法律还可以是分开规范与例外的那个界线。

名可名,非常名。

1. 在说出"道"不可道之后仍要写五千言,这五千言岂不意味着否定"道可道,非常道"? 于是《道德经》刻不容缓地引入语言("名")的问题。"道"可否被有所揭示,与语言的现实和表达问题相关。但语言的问题与"道"的问题遇到的麻烦是一样的:"名"的问题不可能在"道"的问题之前获得首先解决,反之亦然,两者以共时的方式寓于同一个解决之道中。"道"的每一揭示都涉及"名"的问题,"名"的每一解决都涉及"道"的问题。这就是为什么《道德经》在说完"道"后,当即提"名":"道"不但不可说,且说本身("名")也是不可说的。这样,"道"的不可说,与说的不可说彼此纠缠,彼此包裹,到了无法分别彼此的境地。"道"就在无名之名中,在"无名之朴"(章三十七)中,如此一来,"名"就从它表象上的工具位置(按我们通常的理解,语言仅是一种交流的工具),一跃而成为决定"道"的命运。

2. 按《解文说字》说"名":"自命也。从口从夕。夕者冥也。冥不相见,故以口自名。"可见,"名"不首先指涉事物,它并非首先命名时空中可见的事物,而是一种与可见的具体事物不相关时的自名或专名,即一种纯粹的声音记号。"名"作为一种寂静之音不表达任何在时空中具体存在着的事物,仅是存在本身的自示或呈现,即"有"(il y a)。这样的"名"其实就是"命",即命令、指令,按吕惠卿的说法:"视之不可见,听之不可闻,搏之不可得,则其形不可得而见也,故吾不知其名而命之。"①按《圣经》所载,人能命名事物(参《创世记》2:19—20),但人对事物的命名是在神的面前并且是在神的创造现实中实现的,与人的某种在世的特别能力无关。"名"永远保留在神那里,在神那里它乃纯粹名称。与这作为纯粹呈现之"名"相应的,是人在伊甸园中的生命。只有在纯粹名称失落后,才出现定义或界定性的普通名称,出现具有内容的名称,这时候,人才表现出某些在世的特殊能力,而在此之前,人与万物圆融无碍。②

3. 按《圣经》所载,初人眼睛的睁开,是由于罪的缘故:"于是二人的眼立即开了,发觉自己赤身裸体。"(《创世记》3:7)可见,"名"并不首先关联由眼睛的官能决定的可见之物,并不首先是对可见之物的定义和指涉("事物"与"看见"的分开,使"事物"成为看见之物,似乎"看见"是某种主观的能力,

---

① [宋]吕惠卿著,张钰翰点校,《老子吕惠卿注》,页28。
② 理性不能触及名称的起源,名称总是神圣之名,它回避了言说名称的人。语言预设了它无法言说,无法抵达的名称层面。在名称的层面,无物被表达,没有任何对物的界定、定义,唯有语言的绝对的自我表达。这就是亚当的语言。因原罪堕落后,人被逐出伊甸园,语言从此由一种透明的、无意指的实在下降成为一种有意指的、表达外物的工具和手段,可参"语言和历史:本雅明思想中的语言和历史范畴",见乔吉奥·阿甘本著,王立秋译,《潜能》,页33—54。

"事物"是某种客观的存在,这种观点只有在原初关系被掩盖的情况下才可能),相反,在视觉之外首先与真相相关的"名",倒是让现世事物出现于人眼前的潜能或条件("事物"的出现与"眼睛"作为人的一部分,作为人的视觉器官在不可言说的本体内并不分开),此前,"名"与真实的关联由不可发音的神圣之名担保。① "名"首先是一种人与神的关联,在这种关联下,人与物之间的关系不经由判断和陈述,而经由恩典性的服从,那时的实在被称为伊甸园。这些非陈述、非判断的名称最初是一些具有颂歌或祷辞性质的言辞。这就不难理解,人在祈祷的时候,为什么总喜欢闭上眼睛。祈祷使人回到伊甸园的神圣之名中,祈祷的效力以某种方式涉及了神的名字,真正的祈祷只能以神圣之名进行。担保神圣之名的正是神本身,所以神名与神不可分,不可像我们分开普通名称与名称所指的可见事物那样。不应让死者"死不瞑目",生者须帮死者闭上双眼,死者殡葬时也往往以玉器一类东西遮盖眼睛,其意是让死者不再流连于这一形色世界,使他回归寂静之境,倾听那纯粹的声音。

4. 又按《尔雅·释训》对"名"的解释,说"目上为名",又注云"眉眼之间",这是常说的名目的来由。人最富于表达性和表现力的地方是面部,面部最具表达性和表现力的地方非

―――――

① 笛卡尔对视觉表象的怀疑,终止于神圣之名。在这里,"名"可以说是某种具有魔力的呼召,好似声音的魔力能够使空无成形或显象。

眉目莫属,所谓"眉目传情"、"挤眉弄眼"、"暗送秋波"。可见作为眉目的"名"乃指丰富的表达性,最能"指事造形"。由此可以说,"常名"的"不可名"就是要排除这种丰富的表达性,"常名"是一种表达,却不表达什么,它表达,却没有表达的内容,它意指,却无所指:"常之为道,不可行而至,不可名而得,使其可行,即非常道,使其可名,即非常名。"① 表达一方面假设了实体化的人的心灵,认为表达总是人的某种心理、意向的向外释放和传达,另一方面涉及它与可见之物的内在联系,表达的内容被认为具有某种客观性,涉及某种实际的事物。如果眉目的"名",即建立在主观与客观二元关系上的表达的"名"无法接近"常道",那么人身上什么地方离这"常道"更近呢?岂不是身体中最缺乏表达性的地方,即道家说的丹田?得道是一种修持,修持者训练自己把注意力集中到这个最缺乏表达性和意识性的地方(无意),集中于空无所有,修持修炼的正是一种面对空无的习性和定力,在围绕着空无的修持中,修持者从一种自我意识、自我定位中走出,走向无我的境界。修持者的修炼不是为获得某种认知性的,因此具有主客对立关系的客观理论,而是进入到没有位置意识的"恍惚"中(忘掉身体置身于世界内),进入到止观中。眼睛作为一种涉及身外之物的知觉器官,关联着具体事物的知识,关联着事物在世界的位置和性能,丹田之气(精气、元气)却是不再可分

---

① 李息斋注,见[明]焦竑撰,黄曙辉点校,《老子翼》,页4。

的物质之气与生命之气的共在流通。就此而言,元气不是时空内的对象物,它是不能再进行还原或分割的空无。元气只是空无的肯定性(进行分割却不被分割的最小差异),是无中生有的创生。令人惊奇的是,元气只有依靠后天的修持才显现其先天之有,尽管修持绝对不是元气产生的内在原因。修持不是元气产生的内因,然元气有待于修持的姿态。

5. 为什么《道德经》在说了"道"后,以同样的方式说到了"名"？在语文表达的位阶上,有关"道"的说法与有关"名"的说法相当。这难道不是说,"道"与"名",具体地说,"道"与它的"名"是无法分开的？这岂不是说,在"名"之前或之外,在说出它之前或之外,"道"并不在？"道"与"名"的关系并不是下面这样的关系,似乎先存在某种"名",一种符指秩序,然后"道"才落入其间,为符指网络捕获,从而获得名称。可以这样说,"名"是"道"先行的、向外的预设、拟制(fiction),"道"只有到这一先行的、预设的、拟制的"名"中,才回到它的自身内,才获得自身。但与此同时,"道"并不为这种拟制的"名"(符指秩序)所消除、耗尽,它是"名"永远无法耗尽的零余(remain)。因此说,"道"外无"名","名"外无"道","道"离不开"名"又不是"名","名"离不开"道"又不是"道"。"道"之于"名"的分别不过是"道"之于自身的纯粹差异或最小差异,"名"之于"道"也是这样。"道"与"名"之间始终处于完全的伴随与完全的越过。"道"与"名"不分,却又根本不

同。"道"的这种与"名"的非凡关系使自身永远地是"似有":"恍兮惚兮,其中有物。"(章二十一)

这就是为什么老子说"道"后立即讲"名","道"与"名"以一种永远无法清除的悖论性纠结不清。这种悖论性表明,"道"没有自身的内在性,它的自身性永远无法脱离于说("名"),无法不到一个它所不是的领域,即"无"中呈现自身。在《道德经》中,老子要说"道",要呈现"道",但恰恰是在"无"中,老子才说"道",才呈现"道",且把"道"说为"无",呈现为"无"。悖谬的是,我们无法弄清,是"道"在"无"中呈现自身,还是"道"呈现自身为"无",真实的情况或许是,我们根本不可能将两者分别开来。"道"与"名"在《道德经》中的情形也是如此,"道"既不"指事造形",那么它就只是纯粹名称("常名"),"道"的真身就在它拟制的法身内,"道"的真就是它抽离任何表达和内容的形式(相)。我们甚至可以把这悖论用到"道"与老子的关系上:"道"只有在老子身上才获得了它的真,到达它的自身,而此时的老子飘然而西,不知所终。在某种意义上,"道"是不可能在《道德经》中被寻获的,但一无所获正是"道"的德性。《道德经》终究不是关于"道"的知识,而是一种修持、修真,将一无所获修持为一种德性:"为学日益,为道日损。损之又损,以至于无为。"(章四十八)

无名天地之始,有名万物之母。

"无名"就是"道"的"名","道"乃"无名之名",纯粹之名、专名、空名。"天地"就沉浸在空名中,沉浸在它的"无名"中,沉浸在它的非物理性、非描述性的过程中。"无名"的"天地"表现为一种空泛的普遍性,它没有背景,没有地平线,它因此成为"万物"的背景和地平线。"天地"就像漂浮着的幽灵,说有不有,说不有还有,无处不在,却一无所是。作为这种空泛的普遍性,"天地"既显示为空又显示为质,既是动词又是名词,既是聚也是散。"天地"好像是界线,又好像是被界线分开的两个领域,好像是轮廓,又好像是形成轮廓的可见面("阳")和不可见面("阴")。"天地"是失去"道"之清白的第一次分割,是对"道"的纯粹或最小差异(阴阳)的第一次模仿,在这第一次分割中,人的地平线升起来了。

"有名"乃定义和界定的普通名称,与"无名"、空名不同,它是有内涵的,有规定性的。"有名"在起统一作用的符指系统中有它确定的位置,它也关联着某一事物在世界内的用途或功能("利")。如果"天地"还潜藏在"道"的"无名"内,那么"万物"就是在"天地"发生灾变的时刻出现的,此后,"道"的无限(纯粹差异)决定性地变成了"物"的无限(数量的差异),真的无限让位于假的无限。于是每个事物获得了它之于人的知识和能力的表达,获得了它可资为人利用的内容,这就是"有名"。值得指出的是,在真的无限与假的无限,真的无与假的无之间,相隔的并非是某种不可还原之物,而是妄念("有欲")。"无名"向"有名"的转变所以是灾变,正是这个意思。从悟道圣人的角度说,这种变换是一个时机问题,属于真相的机会。但对迷失的众生来说,"有名"就是全部的现实和真实,理性主义意义上的真理就建立在上面。这意味着,老子《道德经》里的话,既可能是悟道圣人的生门,也可能是迷失众生的死路(他们从世间提供的大众自明来解读《道德经》)。对悟道圣人而言,说"道",说"天地",说"万物",并没有先后之分,没有位阶的高低之分,没有主次之分,仅仅是一个时机(缘)的问题。但对迷失众生来说,"道"、"天地"、"万物"必是一个先后、主次的问题。他们依据从"有名"的"万物"中形成的理解方法和能力(人的日常理性)来理解"道"与"天地"。

就现象而言,"天地"与"万物"均属已分化领域,① 王弼将"无名"与"有名"释为宇宙出现之前和之后,这与河上公注义理相通。② 还有另一种可能的解释,即"无名"并非涉及无物,空无所有的状态,而只是物未被命名而已,类似于《礼记·祭法》中"黄帝正名百物"的疏说的:"上古虽有百物而未有名,黄帝为物作名。"③ 也可比于《创世记》有关失乐园的故

---

① 马王堆帛书《道德经》甲、乙本此句均为:"无名,万物之始也;有名,万物之母也",另王弼《道德经注》亦注为"万物",并无"天地"一说。此证"天地"为后改,参高明,《帛书老子校注》,中华书局,2016,页223。无论如何,即使《道德经》原文确为"天地","天地"与"万物"在位阶和义理上也是对等的。

② "凡有皆始于无,故未形无名之时,则为万物之始。及其有形有名之时,则长之、育之、亭之、毒之、为其母也。"[三国魏]王弼注,楼宇烈校释,《老子道德经注校释》,页2。河上公注:"无名者谓道,道无形,故不可名也。始者道本也,吐气布化,出于虚无,为天地始也。"[汉]河上公注、[三国魏]王弼注、[汉]严遵指归,刘思禾校点,《老子》,上海古籍出版社,2016,页1。

③ 转引高明,《帛书老子校注》,页222。

事,人因犯罪睁开眼睛后,他与天地万物的关系发生了改变。在原初"无名"的伊甸园,人并不在语言中拥有万物,他不表象万物,也不通过万物或形象来表达什么,他与天地万物在神圣名字内,通过神圣恩赐形成关系。

按《说文解字》,"始,女之初也",这样,"无名"("*无名天地之始*")与"有名"("*有名万物之母*")皆与女性相关。或"无名",或"有名","道"是天地万物的始,是天地万物的母。"道"对天地万物的生与养须在女性的姿态下理解,女性的姿态是退让。一个生命的诞生意味着母亲的退让,正是她的退让实现了她的母性和女性的潜能。在生育中,女性(母性)通过成就出生者来成为自身,女性(母性)以自身的非领域性,即以自身的退让生产出领域,并以此关联和成就新生者。母性通过生产领域同时消除一种具有物体空间意义上的外在性,从而让新生者留在自己的怀抱,正如《说文解字》对"母"的解释:"象怀子形"。

"道"的成物正是这样,"道"像女性和母性那样,不是以占有的方式,而是以退让的方式造成了天地万物。"道"总是回到自身内,回到空无内。在"道"的自身退让行为或姿态中,在它退让到无的虚静中,天地万物被生产出来。没有喧哗,没有躁动,没有占用,没有任何的表达性,这就是"道"的成物。"道"不是别的,正是这种自身的退让姿态,它不是某种实体,而是作为姿态的"物"或"物"的姿态。

故常无欲,以观其妙;常有欲,以观其徼。

"妙"是少女,也与女性有关,且正好与女之初的"始"对上。如此,"徼"也当与"母"有某种关联,否则既与上句非对称,也读不懂句首为何着一"故"字。无论此"徼"是"归"(王弼注)还是"归终"(河上公注),都须联系上面说到的"母"即女性的怀抱。

"道"似少女一样的美妙,这是一种莫名的美妙。面对少女的美妙,用在她身上的言辞不但不能增色,且可能令她减色甚至失色。面对少女的美妙,言辞似乎迷失了自己,经历着某种中断。

"欲"即贪,从欠,因欠而生,不能自足之故。不自足乃匮乏,匮乏者不能自持于己,是以奔向身外,以对外物的拥有为满足。"无欲"者自持于自身,退回到自身之无内,保持寂静的姿态,"道"的曼妙就是这样。"有欲"者从自身(无)走出,沉迷于外物而忘返。外物杂多、易逝,它是有尽头和界线的("极"),然而物极必反,于是明白了永远占有的虚幻,所以亦能迷途知返。"无欲"使人看空,看空即观止:"*以观其妙*";"有欲"令人看穿(经历、穿越),因此"以观其徼":"凡书中所言道体者,皆观其妙也。凡言应事者,皆观其徼也。"[①]

[①] [清]魏源著,黄曙辉点校,《老子本义》,页16。

第一章前三句显然有三个方面。第一个方面是关于"道"的:"道可道,非常道;名可名,非常名。"第二个方面是关于天地万物的:"无名天地之始;有名万物之母。"第三个方面是关于人的主体性的:"故常无欲,以观其妙;常有欲,以观其徼。"这说明:

一、以"有欲"的眼光看,这里面确实有三个方面,这三个方面确实有先后、主次、人我与物我的问题;以"无欲"的眼光看,并不存在三个方面或存在三个方面共有的一个方面,存在的只是无领域的领域。其中的奥妙在于,"无欲"之所以是"无欲",因它不与"有欲"对,不是"有欲"之外的另一个世界。

二、"道"并不是可以书写在黑板或书面上的真理,它本身不是可对象化的事物,它仅是主体的相关性:"道"就是主体性姿态(gestuale)("德")。① "道"并不在主体之"德"外。

三、在《道德经》中,"欲"既说明了它是理解"道"与主体关联性的场所,也由此转向了修道论之"道"。在《道德经》中,道论("道")与修道论("养")无法分割开来:"道"即行,"道"在修行中。"道"的关键不在于某种断言性知识,而在于修身、修真、涵养。

---

① 注意不是"主体的姿态",因为姿态不是主体的某种属性。主体性姿态表明,主体无非是它的主体化生成,此主体化即是姿态。姿态不是某种思想内容或心理感受的表演或表现,不是我们平常理解的心态,而是主体在不可言说的名称层面,也就是在真相层面的融入和展开。关于姿态的论述,可参"科莫雷尔,或论姿态",见乔吉奥·阿甘本著,王立秋译,《潜能》,页251—265。

四、天地万物同样可以是姿态,是纯粹的表面、样子、相。"道"并不在天地万物之前或后面,因此下文言"**同出**"。

此两者同出而异名,同谓之玄,玄之又玄,众妙之门。

关于"两者"为何,自古以来注家们各抒己见,或说是"道"与"名"、或说是"无名"与"有名"、或说是"无欲"与"有欲"、或说是"无"与"有"、或说是"始"与"母"、或说是"妙"与"徼",莫衷一是。但如果无论哪两者都讲得通的话,那么"此两者"是什么也就不要紧了。

道的"出"即成物乃是退回于自身,自持于无。道成物却无所出:虚静。与此同时,道的虚静,以其非领域性而将所成之物置于自身怀抱内。这个非领域的领域,我们在此不妨说它就是中国传统所言的境界。"无"与"有","无欲"与"有欲","妙"与"徼"共在于无所处、无位置、乌托邦、深渊。"玄"就是如此的非领域的领域、乌托邦、深渊。

苏辙对此注说:"凡远而无所至极者,其色必玄。"[①]"玄"不是任何一种颜色,若有一种颜色,视力必可在其上停留,并与之结合。"玄"与"眩"通,《说文解字》解"眩":"目无常主也。"视力无所着落,退回到自身潜能内,这就是"玄"。"玄"(眩)就像"名"那样,是冥暗无光中的自名,在"玄"中,视与听进入一个不可分别的境界,眩晕如同一种声音,一种不关联

---

① 转引高明,《帛书老子校注》,页228。

耳朵听觉的声音,这就是寂静之声。"玄"如同神秘学中所言的发光的至暗。"玄"作为一种不可分别的境界,就是《道德经》中言及的"若"、"如"、"似",等等。

"玄"(眩)排除和抵制一切主客关系的观看,一切断言式的陈述。所有的断言都呼唤另一断言,都要转化为另一断言,真相没有最终的话语。道作为一种纯粹的声音,一种至暗中的光明,纯粹启迪,属于境界即玄。在"玄"中,既没有道者,也没有道之者。在"玄"中,道不但排除一切作为表达的名,而且排除了由于排除遗留下的空白,故一切的"玄",皆为"**玄之又玄**"。"**玄之又玄**"不但撤销了"玄"作为名称,也撤销了"玄"作为导致某种后果的原因:"玄"甚至不可作为动词,"玄"至多可被视为一具有象征性的形容词。① "玄"排除和撤销所有对道的主动探索和接近,一切主动性的、人为性的对道的探索和断言,都不是自然之道("谓之玄者,取于不可得而谓之然也"②)。"玄"作为乌托邦、深渊,是各种感觉的转化之境,在那无所在之乡,听与视、主与客、名词与动词不再分别,它导向"既不……也不……"的境界。如此境界岂不是"众妙之门"?

"众妙之门"必是女性姿态,必为"**玄牝之门**"。门作为打开,既向外亦向内开,而门本身,就是内与外不再分别的境界。门既以自身为非领域,悬置了所有的占用(卡夫卡小说中的

---

① 楼宇烈《老子道德经注校释》说:"'玄'不同于某一具体事物之名称,而只是对'无'、'道'的一种形容。"(页5)
② [三国魏]王弼注,楼宇烈校释,《老子道德经注校释》,页2。

"法律之门"），那它就如母亲的怀抱："**玄牝之门**"不正指向生养、生命吗？然而，"**玄牝之门**"也是最脆弱，最危险的地方，死亡的阴影在那里游荡着。

作为"**玄之又玄**"的"**众妙之门**"，它以拒绝、排除来成就接纳和家。

章 二

天下皆知美之为美，斯恶已；皆知善之为善，斯不善已。

此句的"**天下皆知**"与下面的"**是以圣人**"相对，前者指涉众生个体，后者指涉圣人主体，即得道主体。在两种情形下，事物呈现出不同的状况。

凡"知"总已"指事造形"，总已对事物做了陈述，总已是断言，这是常识之知，一种佛教所言的与真相无关的戏论。美和善一旦成为一种知识的对象物，落入常识之知，诉诸断言，其真相早已不见，"**斯恶已**"，"**斯不善已**"。"美"、"善"确实在表现出"美"与"善"的诸事物中，但"美"、"善"却不是这些表现出"美"与"善"的诸事物，表现出"美"与"善"的事物总有不足或欠缺，总有不美和不善的地方。"美"本身、"善"本身是无对无待的："若以大道而观，本无美与不美，善与不善之迹。"①表现出"美"和"善"的事物因此不可避免地具有度

---

① ［明］憨山著，梅愚点校，《老子道德经解》，页14。

的问题,比较的问题。比如说健康与快乐的关系,一个长期处于病痛的人在恢复健康时产生强烈的快感,而一个长期处于健康的人则对此无任何感觉,甚至感到无聊。只有在转化的当时,或意识到这种转化之时,某种事实才被注意或经验到:"当其时,适其情,天下谓之美,谓之善;不当其时,不适其情,天下谓之恶,谓之不善。"①

故有无相生,难易相成,长短相较,高下相倾,音声相和,前后相随。

道寓居和化身于所有的名内,但道本无名,不关联任何的表述作用。所有具有表述特征的名称,当它们宣称独自拥有"无"、"难"、"长"、"高"、"音"、"前"的实在时,都会发现这些实在其实并不在自身内,总会从自身出离,走向它们宣称的对立面。道在普通名称内的寓居促使天地万物无不向它的不是(反面)运动,无不作为某种具有度量的,因此具有比较性质的现实。这就是相对的意义。进而言之,每一世界上的事物都有它的周遭,都有它的环境,并且在某种意义上,某一事物的周遭和环境比此一事物的自身还内在。没有它们的反面,如"有"、"易"、"短"、"声"、"后",就不会有"无"、"难"、"长"、"高"、"音"、"前"这些现实。

---

① [宋]吕惠卿著,张钰翰点校,《老子吕惠卿注》,页3。

道俨然三一妙身。"**道可道,非常道;名可名,非常名。**"说的是退回自身之无内的道,此道以无的姿态出现。"**无名,天地之始;有名,万物之母。**"说的是关联天地万物的道,它生养天地万物,却又不改自在清静的纯粹,此道以有的姿态出现。"**有无相生,难易相成**"等句,说的是天地万物间流逝变通,但凡事物莫不有其时机,"道"激发变易生机的效果,此道以易的姿态出现。说道的所施不同,形成的趣味不同,表现的姿态不同,这只是一种视角主义的说法,道的"**玄**"、"**玄之又玄**"说出了视角主义的局限,让我们明白,道并非是三种彼此分开的、需要在时空内进行联结的实在。道乃一,无一之一:退回自身之无中的道,遍布于天地万物中的道,处于易之时机中的道,无不同于道。我们在下面将看到,道并非所有部分之和的整体,它是绝对的开放,因此道无非是"同于道",道就是"同于道"的"同于",就是"如同"、"若"、"如"。

三一妙身之道无先后之分,等级之分,包含与被包含之分,一足俱足,一在俱在。当我们说道是在自身内的无,即清静无为时,道的成物,即有的姿态已在那里,道作为时机的易的姿态已在那里。姿态之所以是姿态,乃是因为当我们说出它时,已经是一种即将过去或即将到来的时态。揭示真相的语言是某种具有时机性(kairos)的语言,具有暂且性、过渡性,因此具有过度性(溢出性),过度是某种清除强力的强力:语言的自身突破与语言的日常运用无法分离。语言的时机性过渡一过度表现为:一方面,在语义系统内,是推迟、替换、预演等等,一方面,是语义的不可能性,是沉默。

道的三一妙身妙就妙在,一不是三的相同或共同内容,不是三的公约数。道的三种姿态即无、有、易既不能混为一谈,但又同于道。这就是道的非:道在作为非领域之际,为道所非的一切又被纳入道内。非的排除不是把被排除者排除到另一个领域,而是开创出一个与被排除者共属的非领域即境界①:"同出而异名,同谓之玄,玄之又玄"。

或从无谈道,或从有谈道,或从易谈道,其中没有先后之分、主次之分、轻重缓急之分,对《道德经》的读解可从任何地方开始。

是以圣人处无为之事,行不言之教。万物作焉而不辞,生而不有,为而不恃,功成而弗居。夫唯弗居,是以不去。

圣(聖)字从耳,圣人是一个倾听寂静之音的人,听道者。

---

① 阿甘本在《例外状态》中认为,例外状态一方面将平常有效的法律规范以悬置的方式进行排除,从而创造出一个无法的空间,一方面这一无法的空间必须保持与法之秩序的一种策略性关联,否则例外状态不能成立。如此形成的一个拟制空间既非非法,亦非合法,它远离了法律的普通定义,是一个非处所,这是一个无可决定的使事实(factum)与法(ius)彼此不可分开的门槛。例外状态的关键在于,它既非内在亦非外在于法的秩序,在例外状态创造的空间中,内与外互相不再具有可辨认性,法律规范的悬置并不意味着它的废除,而例外状态创造的无法空间也非与法的秩序无关。由例外状态创造的拓扑空间于是关联着某种身位性实在,那就是国王,他是活的法律。参吉奥乔·阿甘本著,薛熙平译,《例外状态》,西北大学出版社,2015,页32,41,67—69。

圣人与天下之人或众生的不同之处在于,众生以声音辨义,圣人在沉默中观妙。圣字(聖)又从王,圣人乃王,他能在天、地、人的不同中观同。

既是"事",如何能"无为",既是"教",又如何能"不言"？得道者圣人如何可无所事事,如何得不去教化万民？按《说文解字》解,"为"乃是抓取,是执着。"无为"因此就是无执。"无为"并非无所事事,什么也不做,如果认为什么事也不做是对的,做事是错的,这仍旧是执着。"处无为之事"的意思只能是处事时如同无事。凡事,无不有作者、有对象、有目的、有利害关系,这些可统称为事的意向性。无事,就是悬置事的意向性,即事的作者性、对象性、目的性、利害性。吕惠卿对此说得好:"无往不妙,则万物之作,吾不见其作与作之者,不见其生与生之者,不见其为与为之者,则虽作不作,虽生不生,虽为不为,吾何辞、何有、何恃哉？"①凡无、不、非都是一种排除和悬置,由此悬置一切事物的意向性,即事物在常识中径直地传递给人的意义。"无为之事"让事情回到自身之无内,保持自身于潜能的开放中。作为纯粹的可能性,"无为之事"置身于无领域的领域即境界内。事情就在那里发生着,但只作为纯粹的经历或因应（缘）,人不作为常识的主观者去经验它,这就是圣人的"作焉而不辞":"圣人知有名者之不可常,是故终日为而未曾

---

① [宋]吕惠卿著,张钰翰点校,《老子吕惠卿注》,页4。

为,终日言而未曾言。"①又如李息斋所注:"未曾执一,未曾不一,终日为,未曾为,终日言,未曾言。"②在此的"无为之事",就像阿甘本在解读圣保禄的处于弥赛亚时间中的生活姿态一样,这种生活采取"如同不……"的姿态:"弟兄们,我对你们说:时限是短暂的,今后有妻子的,要像没有一样;哭泣的,要像不哭泣的;欢乐的,要像不欢乐的;购买的,要像一无所得;享用这世界的,要像不享用的,因为这世界的局面正在逝去。"(《格林多前书》7:29—31)③相对于众生对流逝之物的享用、利用,圣人的"无为"仅是经历流逝本身,他生活在一种原初的流程内,物物而不物于物。

"**行不言之教**"亦当如是解。话语中的直接意义总是针对在时空中现象的某物,总是针对某种具有先在主观视角的对象物,一旦语言停止它与日常用途相关的意义,似乎就变得不可理解了。其实,语言的日常用途与某种不可言表的"不言"的维度有关,语言的表述层面(所指)无法意指与其不可分离的"不言"的维度。"不言"是所言的零余(零=余),"不言"作为零余正是语言滔滔不绝的前提和力量。圣人进入寂静就是要保守这一"不言",保守被众生消费却又遗忘了的真

---

① [清]魏源著,黄曙辉点校,《老子本义》,页18。
② 见[明]焦竑撰,黄曙辉点校,《老子翼》,页8。
③ 乔治·阿甘本,《零余的时间——解读〈罗马书〉》,钱立卿译,吉林出版集团有限责任公司,2011,页29—31。佛教里也有关于"如同不……"的例子,例如,为了消除人们对食物美味的贪心,饥饿被认为是一种疾病,食物则被视为药物,仅供疗饥用。

相。圣人也说话,但圣人对众生说,我说的并不是你平常理解的:"我说的,你却不明白!"真相确实在圣人的话中说出了,但它不是一种可占有和积累的知识,不是那种作为权力或增进权力的知识。"不言之教"因此已经是行,已经是"德"。在这里,行不是知的一种结果,而直接地就是知。圣人的"不言之教"是圣人的身教,是他的身姿。《说文解字》解"教":"上所施,下所效也。"教因此首先是一种模仿,一种身教,而非可供掌握和积累的某类知识或理论。人不是通过知识或理论,而是通过模仿学会游泳的。真相不在圣人的头脑内,而在圣人的身姿中。真的艰难不是圣人头脑的难解,而是圣人身姿的难习。身姿没有厚度,不是作为实体的身体的一种表述。作为姿态,身姿是不可见因此无法占有的相、样子。

如此,我们便易于理解:"*万物作焉而不辞,生而不有,为而不恃,功成而弗居。夫唯弗居,是以不去。*"在圣人底下,成者自成,没有什么可说的,用不着去用语言宣布成了("不辞");生者自生,生外无生,生只是生而已,没有什么可增添的("不有");所有的作为都不可自私,而要视为纯粹的经历,不要希望任何报偿,右手做了好事,也不要让左手知道("不恃");事情是否产生效用,"不言之教"是否令人茅塞顿开,这是时机的问题,有你何事("弗居")。所有的发生或事情,自然而然,不惟人而显,不惟人而成,不惟人而有。究竟说来,人对事情的经历本身,无非也是事情本身。事情的自然不可居有、不可占用。不可居有、不可占用的自然永远"不去",永远不改。自然作为非领域的领域，它就在那，它还能在哪里呢？

章　三

不尚贤，使民不争；不贵难得之货，使民不为盗；不见可欲，使民心不乱。

"尚"也好，"贵"也好，计较之心昭然，在这种心态下，某些事物显得更值得追求，于是起了执着。如果没有执着，就不会有"争"，不会有"盗"。"欲"总与某种执着有关，没有"欲"，就不会迷，不会"乱"。所有的选择，哪怕是在善与恶之间，在美与丑之间，都无一不是迷执下的选择，这就是原罪要说的。所有通过选择而来的善、美都不是善本身、美本身，都已是次善、次美。选择属于政治方面，它是二元论和相对论的，而德确立于选择的彼岸，超越或此或彼，是非二元论和非相对论的。

现代社会的进步观正是这种计较心态的表现，它追求更高、更快、更强、更富，这是资本主义意识形态的力量，它推动物质世界从物体性力量向分子、原子的能量发展，开发出源源不断的能源。没有自私的个人中心主义，就没有计较之心，没有计较之心，就没有竞争的正当性，这是资本主义制度的经济政治基础。资本主义的经济政治基础建立在我执之上，如今，神圣的是个人权利，是私人财产。就此而言，如果抛开与资本主义非此即彼的对立，共产主义或许体现了老子向往的德。

是以圣人之治,虚其心,实其腹;弱其志,强其骨。

与孔子不同,老子没有为国家或君王培养臣民的心思;与孔子不同,老子也没有以心学服务社会的用意。老子并非不懂孔子那套社会心理学,但在他看来,那还是经济性的政治学。老子首先关心的不是经济,不是国强民富,而是修真、修身,他关心的是道与德。

王弼对此注说:"心怀智而腹怀食,虚有智而实无知也。"①把"心"理解为心智没有问题,但把"腹"读解为容纳食物的肠胃却误解了老子的意思。如果是那样,前后两句的意思无非是要人们头脑简单,四肢发达。在这里,与虚心、弱志相对的实腹、强骨,当是修身之学。老子在这里是要从知识转向涵养的意思,严遵在《指归》里说得对:"虚心以静气,专精以积神。"②

"心"也好、"志"也好,都富于表达性、意欲性,用我们今天的话说,那是属于理性的层面。"腹"、"骨"则无意、无欲、无知,属于身体的层面。从理性转向身体,意在重新确立思想的位置和本质。按中医传统,丹田在腹,是气的生养之所,是道的生机处,故河上公注说:"怀道抱一,守五神也";③骨则是

---

① [三国魏]王弼注,楼宇烈校释,《老子道德经注校释》,页9。
② [汉]河上公注、[三国魏]王弼注、[汉]严遵指归,刘思禾校点,《老子》,页8。
③ [汉]河上公注、[三国魏]王弼注、[汉]严遵指归,刘思禾校点,《老子》,页7。

生精和养精的地方。丹田之气是一种感应（气=感应），落在守字,似乎是对某种先天之气的保守,实则不然,丹田之气乃先天与后天,主动与被动不再分别的实在（境界）,它与任何时空中的事物无关,不会成为知识和理论的对象。从世界现象来说,由"腹"和"骨"形成的精气说它无还有,说它有还无,用老子的话说："绵绵若存"。

常使民无知无欲,使夫智者不敢为也。为无为,则无不治。

如果天下人都聚精会神于修身、修真,在虚静中形成定力和习性,那么"智者"也就没了市场。相反,天下人充满欲望的时候,也是"智者"大显身手的时候。在这里,欲望与求知同行。

最好的治理不是让问题发生然后再解决问题,而是改变问题的方式或取消问题本身。自然"无为",自然没有问题,自然不需要治愈。

章　四

道冲而用之或不盈,渊兮似万物之宗。挫其锐,解其纷,和其光,同其尘。湛兮似或存。吾不知谁之子,象帝之先。

"冲"即空、虚、无。"道"普及天地万物又不与天地万物同,"道"在成物起用之际回到自身之无,回到寂静,不为事物及其利用所触及、消耗。凡世间事物无不有度有量,"道"无度也无量。"道冲"标示了作为非领域的领域即境界,境界既不可占有也不可占用,没有什么盈与亏之说。在非领域的境界中,无一世间物在其内,无一世间物在其外。"道"普及万物却又不自限于万物的位置和场所,万物落在"道"内就像置身于"道"外。"道"没有边界,天地万物落又不落在它内,这就是"道"的"渊",即境界。"道"成物起用又不为物用所及、所消耗,它以不相关的方式关涉物及物用,"似万物之宗"说的就是这种不相关的关涉。"道"不是天地万物的实体性基础(实在性不过是事物现象的当有之义),"道"之于天地万物既先在又后在,既及又不及:"*渊兮似万物之宗。*"

　　"道"普及万物与回到自身之无同一,若不回到自己之无,则无普及万物这事,若无普及万物,则无回到自身之无这事。作为"万物之宗","道"在万物中没有任何可见性,我们无法在万物当中看见它、指出它("道"既不是万物中的一物,也不是二元论意义上的事物现象后面的那个本质),没有任何语言能把"道"从万物中分离出来,让我们言说它:"*挫其锐,解其纷,和其光,同其尘。*""道"永空永无(非领域的领域)的境界不向我们展示自身之于万物的任何特殊之处,任何分别之处,以至于我们说,事物的"这个"(此在)就是"道","道"就是"这个"事物。事物的"这个"是无位置的位置(真相的普遍性),是境界性澄明:"湛兮似或存"。① "道"不是实体,是"似"、"若"、"如"。② "似"、"若"、"如"说的无非是"道"的"在……又不在":"道"既在万物内,又不在万物内;无非是"道"的"是……又不是":"道"是事物又不是事物;无非是"道"的"如同不……":"道"在天地万物内如同不在天地万物内。"道"的"似"、"若"、"如"消除了内与外、正与反、表象与本质之间的分别,制造出一个白日的梦境,就像莫比乌斯圈。

据王安石,"'象'者,有形之始也;'帝'者,生物之祖也。"③"象帝"即物体与生物的总称。"**象帝之先**"说的并非是"道"在时间上先于万物,似乎"道"在时间上有一个没有万物的时期,有一个单独存在的时期。这里的"先"说的是,作为"万物之宗"的"道"先行退回到无内,没有从万物的日常认知和利用出发去认知"道":"**吾不知谁之子**"。

这里没有主观性的立场,就像在梦中,梦中的我以及我的梦见皆是梦境,如同梦通过我在注视梦本身,一如吕惠卿所注:"似或存者,非可以为定存也。虚盈存亡,吾无所用心,则吾安能知其所自生哉?见其生天神帝而已。故曰吾不知谁之

---

① 吴澄:"湛,澄寂之意。"见陈鼓应注译,《老子今注今译》,商务印书馆,2016,页91。
② 严复在《老子道德经评点》有言:"此章专形容道体,当玩'或'字与两'似'字方为得之。盖道之为物,本无从形容也。"见陈鼓应注译,《老子今注今译》,页90。
③ 见陈鼓应注译,《老子今注今译》,页91。

子,象帝之先。盖有吾有知有谁而道隐矣。吾不知谁,则亦不知吾矣,此真道之所自而出也。"①

章 五

天地不仁,以万物为刍狗;圣人不仁,以百姓为刍狗。

"刍狗",一种用于祭祀的由稻草扎成的狗,用完后弃之不顾,任人踩踏。脱粒后的稻草本无人关注,寂静地藏身于自然的怀抱内,现在被人从自然中抽离出来并扎成牺牲品,为祭祀所用,礼毕又不再有任何用处,弃之路旁,重新回到自然内,回到寂静内。所有的物品都一样,一旦没了利用的价值,失其用途,就回到它的自然内,不再为人所注意,就像从来不曾存在过那样。物的自然本是无用,是无之用,是用无。当物被赋予某种用途,并用这种特定的用途来标识和规定某物的时候,如稻草之于"刍狗",树枝之于拐杖,物的自然就会变得盲目,甚至把物的领域直接视为自然的领域。在这种盲目中,自然遭到了误认,人们把自然误认为事物的内部,误认为事物的基体或支撑,自然于是在我们看来成了事物的一种性质。可资用度的物品的产生源自人对自然的误认,是自然受限、被囚于某种特定用度的后果。在这种误认中,人同时形成了自私(自我)的立场,产生了意识之我。在这种误认下,自然变成

---

① [宋]吕惠卿著,张钰翰点校,《老子吕惠卿注》,页6。

了所有具有用度之物的总体或总和。

自然不是种种具有用度之物的总体,自然既不是容纳诸物体的空间,也不是空间内的诸物体,自然不是我们通常理解的那个具有空间性质的宇宙。自然不是我们人类的对象物,不是任何可见可知的内容,相反,自然是对象化或物质化(内容)的不可能性,自然的这种对象化或物质化的不可能性意味着,自然无用。自然不可注目,不可指称,不可抽取、抽象。自然就像庄子说的江湖之于鱼,是鱼的相忘姿态。林希逸注得好:"刍狗之为物,祭则用之,已祭则弃之。喻其不着意而相忘尔。……而说者以为视民为草芥,则误矣。"①

"仁"与心或中心有关,犹如通过眼睛的中心瞳孔的观看,这种观看或关注巩固了事物的对象性。"不仁"因此是超越事物的对象性,不以具体事物的内容确立意识的形态,即意向性。用现代哲学的话说,"不仁"要拆解的,正是胡塞尔通过意向性建立起来的事物内容与意识之间的直接关系。对非对象非内容的观看本身,就是"不仁",就是守中、守空,就是无执。只有持守于非意向,持守于无执,万物才能从尘世的用具性中解放出来,归于自然。同样,圣人之治在放下了他的心志、意向、功利、野心的同时,百姓就从他当前的身份和能力中解放出来,放下诸如农夫、商人、乡下人、城里人之类的分别,

---

① 见陈鼓应注译,《老子今注今译》,页94。

而归于自然的无分别、平等、大公。这种"不仁"正是钱钟书在《管锥篇》中说的"不相关"："刍狗万物，乃天地无心而不相关，非天地忍心而不悯惜。"①"道"是"不仁"的，"道"遍在而非定在，是无分别而非分别。所有透过中心的观看，所有的"仁"都起了分别，生了偏执，失了中正。

如果"不仁"是不偏不执，不分别，则英文的 indifference 是一个很好的对应词。在古希腊的斯多噶派中，indifference 就是不动心，要人们在面对发生之事时，不要让心灵受制于事情的具体内容，从而切断事情与心灵之间的意向性联系，保持心灵寂然不动。在天主教耶稣会的灵修传统中，indifference 也是一个重要的观念，意在帮助耶稣会士们进行分辨并做出抉择。按照 indifference 的观念，属灵性的抉择恰恰要求放弃自己的立场，放弃自己的功利心，使所有自己面对的事物从日常的价值评判中解放出来，都处于一个没有分别的位置上，即一视同仁。面对诸事物，选这个或选那个根本不重要，重要的是你必须能够并心甘情愿地接受发生在自己面前的任何事物，不起丝毫的分别心。比如，面对健康与疾病，不要有什么分别心，认为这个好那个不好，不要趋利避害，而当以同样的心态接受任何一种情形。在这种意义上，"不仁"的确就是麻木不仁。

不看事物的用处，只看事物的"这个"，相忘于事物差别

---

① 见陈鼓应注译，《老子今注今译》，页94。

的自然,犹如鱼相忘于江湖,这是圣人的境界。

天地之间,其犹橐籥乎? 虚而不屈,动而愈出。多言数穷,不如守中。

橐籥即风箱,风箱能起到鼓风的作用在于它是虚空的,天地也是这样,只有它是空虚的时候,才能让在其间的万物各得其所,各行其是。把"**天地之间**"视为风箱,也就令人想到气,气上升为天,下降为地。气就是贯穿天地的普遍者。天地之气若有若无,说有还无,说无还有:"**虚而不屈**"。虚空不但不是没有,而且比有还更多:"**动而愈出**"。当天地之气被认为可见、可占、可用时,它就现身为"虚"、"空";当天地之气被认为是虚幻不实,一无所是时,它就表现出"不屈"、"愈出"。"动"、"愈出"不是由于"多",而是由于"虚",由于天地回到自身之无。

凡"多"都对应某个"数",再多也无非是多上加一,或多上加多,终究仍然是"数",凡"数"必有尽,必"穷":"多言数穷"("多"说的是可穷尽的"数")。只有"虚"、"空",即这里说的"中"不可穷尽。真正的无限不是"数"的无限,而是"空"的无限。"数"的无限是一种度的无限,一种建立在世间存在物上的无限,一种(黑格尔意义上的)坏的或假的无限,"空"才是真正的无限。在"空"的无限中,一切标准,一切人性在"空"的非辩证否定前不再有效。

在这里,"多"不与"一"对,而与"虚"对。"多"关联事物的杂多,关联欲望。"多"滞留在事物的杂多上,迷失于杂多的事物中,只有返回自身之无,方可克服迷失:"不如守中"。

"不如守中"的"中"不是折中,不是对立者的共同点、公约数。"守中"不是守于对立双方之间可衡量、可计算的中间点。"守中"是"守空",是持守于一个不是领域的领域,持守于境界。"守中"即自持于不可计算、无知的无极。

"守中"是守气,是对气运、时机、转机、神机、生机的保守。"守中"守的是"几"、"妙"。人的内心性,不过就是这种作为时机的"中"("空")的身体性效果:"中,内也。"(《说文解字》)吕惠卿认为,"守中"正是中华最古老的传统:"人心惟危,道心惟微,惟精惟一,允执厥中。"他对此注说:"不有不无,不取不舍,而适与道相当者,是之谓守中。"[①]

章 六

谷神不死,是谓玄牝,玄牝之门,是谓天地根。绵绵若存,用之不勤。

"谷"即"空","空"不是数的无限,而是真正的无限。"空"不能增加什么,不能减小什么,它是纯粹的在此,纯粹的呈现。当我们把"死"理解为生的损失时,我们还是在坏的无

---

① [宋]吕惠卿著,张钰翰点校,《老子吕惠卿注》,华东师范大学出版社,2015,页7。

限中思考,还是在一种尺度中思考。这种思考无法思考"空"。"空"不是"死","空"是不会"死"的:"谷神不死"。

"谷神"生养因应万物而持守于自身之无,持守于"空","谷神"生养因应万物而不自知、不自主;"谷神"因应生养万物而不失贞洁,而不杂染:"是谓玄牝。"可谓"化化而不化,生生而不生"。①

说到"不死",自然想到养生之道,正好河上公在这里指出"玄牝"即"鼻口",他说"玄牝之门":"言鼻口之门,是乃通天地之元气所从往来。"②天地之元气就在鼻口之间,说白了就是呼吸。我们通常理解的不呼吸就会死的呼吸只为续命,与保养元气以至于与天地通无关,与"不死"无关。同是呼吸,有的呼吸是在呼吸空气,有的呼吸是在呼吸元气。同是人,得道圣人与天地通,呼吸的是元气,执迷不悟的众生与天地绝,呼吸的是空气。空气与元气之间的差异或分裂没有任何间距,却跨越了死与生。与这种没有间距的分裂有关,若科学地观察,则元气不存在,元气被认为是想象之物,但在得道圣人看来,呼吸中的空气就是非物理学意义上的气息即元气。空气与元气之间的微妙差异(最小差异、纯粹差异)仅存在于主体姿态内,如同一张嘴,既可吃饭,又可接吻,其间的差异在

---

① 强思齐,《道德真经玄德纂疏》,见[汉]河上公注、[三国魏]王弼注、[汉]严遵指归,刘思禾校点,《老子》,页14。
② [汉]河上公注、[三国魏]王弼注、[汉]严遵指归,刘思禾校点,《老子》,页13。

于主体姿态(欲望)。

天地之气是一种纯粹的节奏,如同若存若亡的游丝:"**绵绵若存**"。它就在呼吸当中,好似借用呼吸的呼吸,与呼吸一同的呼吸,它是空气又比空气更多。作为天地之气,元气之在总是更在:"**用之不勤**"。

老子在"守中"之后谈到不死的"谷神",表明"谷神"既非某种先天之气,亦非某种可吸收的外来之气,它只存在于主体的信守姿态中,所谓"**绵绵若存**"。河上公在此解"谷神"说:"谷,养也。人能养神则不死也。"①蒋锡昌以胎息释"谷神",他说:谷"乃用以象征吾人之腹,即道家所谓丹田,以腹亦空虚深藏如谷也。神者,腹中元神,或元气也"。他又说:"有道之人,善引腹中元气,便能长生康健,此可谓之奥妙之长生也。"②吕惠卿也说:"古之人以体合于心,心合于气,气合于神,神合于无,其说是也。合则不死,不死则不生,不生者能生生,是谓之玄牝。玄者,有无之合;牝者,能生者也。"③

这里存在着一种令现代人难以理解的身体观,按照这种身体观,生物学与玄学(道学)的分别不再可能,中医的奥秘就在这里,道家的行气、调息、胎息之说的奥秘也在这里。在此可见,《道德经》里的道学与修真无法分开。

---

① [汉]河上公注、[三国魏]王弼注、[汉]严遵指归,刘思禾校点,《老子》,页13。
② 转引高明撰,《帛书老子校注》,中华书局,2016,页248。
③ [宋]吕惠卿著,张钰翰点校,《老子吕惠卿注》,页8。

章 七

天长地久。天地所以能长且久者,以其不自生,故能长生。

这章仍旧讲修身。"不自生"即生而不有,生而不知,生而不为之主。"天地"没有自身的功利、目的,没有一个居于将来的算计,没有操心操劳,它自持于虚寂,采取不仁的姿态,"天地"不劳神伤身,不消耗,"故能长生"。

在老子那里,"自"当是非中心、非位置,是硬核化的不可能,是"空"、"无"。"自"一旦占据了中心,成了位置,就有了度的问题,有了尽的问题,"长生"于是变得不可能。

是以圣人后其身而身先,外其身而身存。非以其无私邪?故能成其私。

若"自"是"空",是在无内向着无的返回,那么圣人的自身,即圣人主体就不是那个作为自明的意识之我。对于圣人来说,"身"并非必然地、无条件地、自明地是自己、"私"。天经地义地认为"身"与自己或"私"不可分开,这是现代人开创的观念,并构成了现代法律的基石。在现代人的价值观中,身体神圣不可侵犯,理由在于身体直接地就是我的,是绝对私人的,与作为存在起点的意识之我构成了一种绝对关联。[①] 不

---

① 在中国现代之前,身体被认为是父母的,因此父母对儿女身体有处置权,国家不能以法律的借口加以干涉。在中世纪的西方,身体被认为是上天的恩赐,并不属于我,因此自杀是一种不可饶恕的重罪。

但如此,为身体提供保障的身外财物,也变得神圣不可侵犯。

"后其身"、"外其身"说明,"私"、"我"与"身"是可以分离的,那个被固定在、被囚禁在身体内的意识性自我,那个被认为是主宰身体的意识之我,不过是一种妄识,且可能是人身上最冥顽不化的妄识。从这种自我意识的妄识中解放出来,身体才能回到它原先的自然中:"*后其身而身先,外其身而身存。*"联系到那句"实其腹"、"强其骨",那么"身先"、"身存"就是"弱其心"、"弱其志",就是"常无欲"。"常无欲","身"就不会被占用,不会被囚禁,就能与自然一样,同属于一个非领域的领域,与自然同样,如孟子所言:"万物皆备于我"。

当"身"不再为我主宰,不再是我的用具,"身"就进入一种忘我的境界,这才是"身"的自然,才是"身"的"私":"*非以其无私邪?故能成其私。*""身"的自然就是在天地万物中独往来的大公、普遍。"身"的独一无二性不是别的,正是它的大公性、普遍性。大公、普遍总是"私"("这个")的,是绝对的"自"、"私"。

大多数人历来以一种尘世道德来注解"*后其身而身先,外其身而身存*",如解释说,人要受人尊敬,必先谦下礼让,这样的解释正落入自私的陷阱,实在是人性太人性的了。自我空虚置身于一切功利之外,排除所有回报的可能,包括荣耀的可能(可参《新约·斐理伯书》中的基督颂:2:5—8)。诸如此类的对老子《道德经》的所谓道德性解读,恰恰偏离了《道德经》的道德。

章 八

上善若水。水善利万物而不争,处众生之所恶,故几于道。居善地,心善渊,与善仁,言善信,正善治,事善能,动善时。夫唯不争,故无尤。

"水"是老子《道德经》中一个重要意象。"水"没有自己的位置,"水"的生命就在于它作为位置的永远缺乏,作为位置的永远不可能性,但"水"却因此成了准则:"水,准也。"(《说文解字》)庄子说:"平者,水停之盛也,其可以法也。"(《德充符》)这就是"水"的悖论,无位置产生和形成了位置,对一切准则的排除产生和形成了准则。当我们从一个熟悉的、自明的位置,以一种众生认可的共识来看事物时,我们不过是从位置来看位置,从事物来看事物,这是无根的观看,形成的观点都是相对的,无非是一些戏论。

"水"无色,它的可见与不可见无法分开,说有还无,说无还有,它是澄明;"水"没有自己的目的和意向,它随机随缘,任其自然,因此"几于道"。"上善若水","水"渗透万物却隐藏自身,消失于无形,退回到自身之无。"水"以自身之无("无间")成就了生命之用:"水善利万物而不争"。"水"没有特定的位置,没有特定的准则,它是"不仁",所以能一视同仁,不以人恶而恶之,故能"处众生之所恶"。

"水"没有自己的目的,随遇而安,所以"**居善地**";"水"没有欲望,没有私心,能够进入到"众生之所恶"的底层,所以"**心善渊**";"水"洗净别人,脏了自己,毫不利己,专门利人,所以"**与善仁**";"水"澄明通透,表里如一,存在即样子,所以"**言善信**";"水"没有自己的标准,因势利导,所以"**正善治**";"水"柔弱无力,依势成能,所以"**事善能**";"水"不计不算,不谋不划,只待天时,所以"**动善时**"。一言以蔽之,"水"没有自己,只是势而已,只是时而已,哪来自尤,哪来怨天尤人,所以"**无尤**"。

我们习常认为道德是一系列有关人类行为的规范,合乎规范则善,不合乎则恶。但对于老子来说,永远返于自身之无的道与任何规范无关,得道圣人开辟了一个非领域的领域,敞开了一种境界。道的德(得)因此不是规范,而是一个时机,与此相关,我们在下面将会看到,德不是别的,就是守。

在老子《道德经》中,"水"之于道就像柏拉图《理想国》中的太阳之于理念。其中的教益在于,"水"或太阳的抽象性并不少于道或理念,道与理念的实在性并不少于"水"或太阳。对柏拉图来说,太阳之于可见物的本质(比例、参数)与理念之于可思之物的本质一样,是同一本质,在老子那里也一样,"水"之于生物的本质与道之于万物的本质一样,是同一本质。对柏拉图与对老子一样,太阳之于理念,"水"之于道,不只是比喻。

章 九

持而盈之,不如其已;揣而锐之,不可长保。金玉满堂,莫之能守;富贵而骄,自遗其咎。功遂身退,天之道。

事物的可用,在于它们的度,事物在世界内的现实就是它们的用度。度既是一个范围的确定,同时也是向范围外的转化、离开。具有用度的事物是相对的、短暂的事物。世界内的事物无不摇摆在有用与无用之间,世人的欲望与事物的用度紧密相关,这种相关性就是资本主义商品的秘密:人们消费或消耗的不是事物本身,即处于自身之无中的事物,而是事物的用度,即事物的世界现实性。① 人的欲望总是推动人追求事物更高更多的有用性,最大的功用,即这里说的"盈"、"锐"、"满"、"富",但向着更大功用之度的运动与向其相反方向的运动是同一运动,向着事物之极度的运动正在消耗着事物当前的现实规定性或用度,对事物更大有用性的追求必将走向它们的反面:"不可长保"、"莫之能守"。避免这种局面的出现最好是"不如其已",即停止对更高、更强、更有用的追求,停止欲望,做到"常无欲"。然人生在世,岂能不使用世间诸物,但人至少可以不把生命安顿在事物的商品性上,不把享用事物的有用性

---

① 这难道不意味着,事物的世界性现实,即事物作为"在世界内的存在"(海德格尔)就是它们的用度。

作为人生的最高目的,不要让自身陷入到对事物更丰富有用性的追逐中,例如,我们把食物仅作续命之用,而不作享受之用。这是纯粹的经历之道:"功遂身退,天之道。"

章 十

载营魄抱一,能无离乎?专气致柔,能婴儿乎?涤除玄览,能无疵乎?

载为语气助词,营魄即魂魄,范应元引《内观经》说:"动以营身之谓魂,静以镇形之谓魄。"①《礼记·郊特牲》说:"魂气归于天,形魄归于地。"按《说文解字》,魂是阳气,魄是阴神。"载营魄抱一"因此就是静与动、形与神、地与天、阴与阳的不分离性。修身者修的就是形神抱一,神随形生,形由神通,神形圆融无碍,不再分离为二:"能无离乎?"

对于修身者来说,形神合于导引之气,神寄于形内,形消于神中,无滞无着,这就是"专气致柔",就象河上公注说的:"专守精气使不乱,则形体能应之而柔顺。"②如此修炼的身体,最终可以像婴儿那样:"能婴儿乎?"

修身是一种不断清除恶习,去掉迷执的过程,随着旧见的破除涤荡,明悟随之开启,久而久之,必能大彻大悟,不留盲

---

① 见陈鼓应注译,《老子今注今译》,页108。
② [汉]河上公注、[三国魏]王弼注、[汉]严遵指归,刘思禾校点,《老子》,页21。

点,正所谓:"涤除玄览,能无疵乎?"于此再见,对老子说,悟道首先不是某种理论思考,而是修真、修道。

爱民治国,能无为乎? 天门开阖,能为雌乎? 明白四达,能无知乎?

如果国家以经济建设为中心,不断为百姓提供丰富的物质财富,提供更多的享用方式,培养更多的欲望,那国家就得有为,而且要大有作为。如果国家要让百姓保持他们的自然,生活在自然之道内,那它必须进行自我限制,不可把自己做成一个无限公司。

"天"为"玄","天门"的玄妙在于,它的开放就是开辟范围,它以全然的开放,以一个非领域的开启而开辟新的领域,这是一种属于母性的境界,在这境界内,外在与内在不再分别,母性无私的开放性使得一切皆在怀抱之中,就像章二十七所说的:"善闭无关楗而不可开。"

所有的知识都是在一个度内的认识,都离不开某个视角,都是视角主义的知识。悟道却不是如此类型的知识,对道的视角性认识远离了真道,道是澄明,是"明白四达",相对于视角性知识来说,悟道是无知,是不知之知,是知无,是守。

[生之,蓄之,生而不有,为而不恃,长而不宰,是谓玄德。]

此句亦见于章五十一,此处判为错置。

章十一

三十幅共一毂，当其无，有车之用。埏埴以为器，当其无，有器之用。凿户牖以为室，当其无，有室之用。故有之以为利，无之以为用。

世界上所有可被利用的事物都依于度，都是用度。若所利用的事物不能失去它当前的用途，不能从当前的用途转向它的反面，即无用，无法再使用，那么它永远不可能是有用可用之物，而是自然。自然不可用，自然是自身之无，是无名之朴。

老子在这里用日常器物的"空"、"无"来说明事物的利与用，他是想让我们的思想由此转入道的层面，用现代哲学的术语说，从存在者的现实层面转入到存在与存在者关系的层面。让我们以"埏埴以为器，当其无，有器之用"为例，用泥土制作成盛装食物或其他东西的陶器之类，它们的如此存在是为了满足我们的日常需要，实现我们的欲望。在没有任何日常需要，没有任何欲望之前，即在我们处于"不仁"（没有任何关系，漠不关心）时，泥土就在那里，它只是泥土而已，是泥土的纯粹呈现。然后我们产生了欲望（日常需要），为了满足这一欲望，我们用泥土制作具有一定形制的陶器。泥土于是从纯粹呈现的状态转变为某种有用的物体，从自然泥土变成了用具泥土。在这一变化过程中，泥土丝毫没有失去它作为泥土的本质,它自始至终都是泥土,在这一变化过程中产生差异的仅仅是泥土的形式,即它的样式、形相,也就是说,泥土与陶器的差异是纯粹形式的,发生在泥土与它形成的陶器之间的这种纯粹形式的差异,就是"无"、"空"。陶器从"无"到"有"的过程不过就是"无"、"空"的过程本身,"无"、"空"本身就是过程。"无"、"空"本身即过程,过程即本身意味着,"无"、"空"是纯粹差异本身,这进一步意味着,"无"与"有"不是对立着、按先后次序出现的两者,而是同一个,同属于差异本身:"此两者,同出而异名,同谓之玄。玄之又玄,众妙之门。"

老子在这里告诉我们,当我们因日常的欲望而变自然之物为器用之物时,不要沉迷于欲望,执着于器用而不能自觉、无法自拔,而当返回事物之无,重获任自然的姿态。没有"无",就没有"无"的差异,没有"无"的差异,就没有"用",没有"用",就没有"利"。在此过程中,没有任何实体性的物质产生出来,只有"无"的纯粹形式的差异化(多样化)的过程。"利"、"用"不过是"有"与"无"的差异本身("非有则无无以致其用,非无则有无以施其利。是以圣人常无以观其妙,常有以观其徼。知两者之为一而不可分,则至矣"①),即"无"的差异本身:"故有之以为利,无之以为用。"

---

① 苏轼注,见[明]焦竑撰,黄曙辉点校,《老子翼》,页27。

章十二

五色令人目盲,五音令人耳聋,五味令人口爽,驰骋畋猎令人心发狂,难得之货令人行妨。是以圣人为腹不为目,故去彼取此。

"目"的对象是"色",但"目"的能力却在于无色,如果"目"不是无色的,它就看不见任何颜色,分别不出"五色",如果"目"长久地注视"五色",从来不闭上眼睛回到它的无色中,迟早要丧失看的能力,成了瞎子:"五色令人目盲。"

"耳"的对象是"音",但"耳"的能力却在于无音,如果"耳"不是无音的,它就听不到任何声音,分别不出"五音",如果"耳"日夜地听着"五音",从来不在寂静中回到它的无音中,迟早要丧失听的能力,成了聋子:"五音令人耳聋。"

"口"的对象是"味",但"口"的能力却在于无味,如果"口"不是无味的,它就品尝不到任何滋味,分别不出"五味",如果"口"时刻都沉浸在"五味"内,不回到它的无味中,迟早要丧失品尝的能力:"五味令人口爽。"

"心"的对象是乐,但"心"的能力却在于无乐,如果"心"不是无乐的,它就体会不到任何快乐,如果"心"无时不处于欢乐中,不回到它的"恬淡"内,迟早要产生迷乱:"驰骋畋猎令人心发狂。"

"行"的对象是"得",但"行"的能力却在于无得,如果"行"不是无得的,如果它永远追求成功、追求获得,"行"就不会停止,只会导致更大的欲望,更大的劳累:"*难得之货令人行妨。*"

圣人把时间用在修身上,修炼见不见、闻无音、味无味、体恬淡、行不得的能力,就像严遵在《道德真经玄德纂疏》说的:"夫圣人者,服无色之色,听无声之声,味无味之味,驰骋无境之域,经历无界之方,发无形之网,获道德之心矣!"①

章十三

宠辱若惊,贵大患若身。何谓宠辱若惊?宠,为下得之若惊,失之若惊,是谓宠辱若惊。何谓贵大患若身?吾所以有大患者,为吾有身,及吾无身,吾有何患。

"宠"与"辱"是自身对身外的感受,关联着他人对自己的观感以及自己对这种观感的看法。"身"有两种状态,一种是欲望之身,"为目"之身,一种是无欲之身,"为腹"之身。由于"为目",由于欲望,"身"才感受到"宠"与"辱",才感受到"身"的社会属性,并把这种属性看作最紧要的、本己的,就像

---

① [汉]河上公注、[三国魏]王弼注、[汉]严遵指归,刘思禾校点,《老子》,页27。

荣誉感之于古罗马人，他们可为荣誉舍生。老子在这里要人看到他在社会属性前的、在"宠辱"发生前的"身"，这"身"就是自身即纯粹的呈现，既不需要表达什么，也不需要以什么来表达自己："*为腹不为目*。"在这里，"身"外于一切社会性观看，仅为自身观看，即观看本身，没有什么尊严不尊严，荣誉不荣誉，宠辱不宠辱。"身"是自身（康德的物自体）意味着，它没有任何中立的、客观的评判参照，它不接受任何对象性的评判和认知。

在荣誉的、带有价值取向的评价体系下，在"宠辱"的目光下，本来的自然之身隐去，就像仅仅存在着，或唯一真正存在的是社会之身，文化之身，似乎没有了社会身份，没有了文化身份，人就什么都不是。"有身"，即王弼注说的"生之厚"，①就是人在社会文化下的身体，而"无身"则是被排除在社会文化外的身体。

"无身"即自身，即自然之身："归之自然也"（王弼注），②那是一个排除了任何外在目光和评价体系（价值观）的身体。自然之身无欲，是宁静的身体，没有任何冲突，没有任何忧惧："**及吾无身，吾有何患**。"从"有身"向"无身"的过程因此是从一个可见的、可欲的、可利用的、可占有的身体向一个不可见的、不可欲的、不可利用的、不可占有的身体的过程，是从一个民族政治性的、历史文化性的身体向一个普遍性的、大公性的

---

① ［三国魏］王弼注，楼宇烈校释，《老子道德经注校释》，页32。
② ［三国魏］王弼注，楼宇烈校释，《老子道德经注校释》，页32。

身体的过程。①

故贵以身为天下,若可寄天下;爱以身为天下,若可托天下。

没有外在的评价,没有外在的荣誉和"宠辱",也就没有"身"的自我回味,自我欣赏,自我陶醉,自我欲求。"身"不可私,方成"无私之私"。身不可私,则任自然,任自然此"身"即普遍,即大公。如此,"身"不外"天下","身"即"天下":"故贵以身为天下,若可寄天下;爱以身为天下,若可托天下。"儒家治天下,以家庭血缘为构,主张一种伦常的生命。道家治天下,讲求自然之身,讲求"无身",以守护自然生命。

章十四

视之不见名曰夷,听之不闻名曰希,搏之不得名曰微。此三者不可致诘,故混而为一。

"夷"为"不可得视而见之","希"为"不可得听而闻之",

---

① 天主教信仰者"身体"的大公性不但被认为跨越民族、文化、政治的差异,还被认为跨越了生理的差异:"其实你们众生都借着耶稣基督的信仰,成了天主的子女,因为你们凡是领了洗归于基督的,就是穿上了基督:不再分犹太人和希腊人;也不再分奴隶和自由人;也不再分男人和女人,因为你们众生在基督耶稣内已是一个了。"(《迦拉达书》3:26—28)

"微"为"不可抟持而得之"(河上公注)。① "夷"、"希"、"微"在视、听、触的感觉能力之外,却不是无物,它是"是"却不是什么。如果感觉能力总与事物的什么,与某种特定的内容内在相关,那么这表明,在感觉能力之外,并非无物存在:视外仍能"见",听外仍能"闻",触外仍能"得"。这种被排除了什么,没有任何特定内容的事物,仅是无名之朴即"有"而已,而不是有什么。排除任何什么的"有"乃纯粹名称,这里的"夷"、"希"、"微"就是纯粹名称,没有所指与能指的区分,没有文字与声音的区别,没有言语者与言语的区隔。没有什么的"无名之朴",纯粹名称即"有",在任何问题之外,是不可问的:"此三者不可致诘,故混而为一。"

"夷"、"希"、"微"的"混而为一"还意味着,那不可见的似乎成了可闻的,那不可闻的似乎成了可觉知的,那不可觉知的似乎成了可见的,正如吕惠卿说的:"视之以目,听之以耳,搏之以心,混而为一则耳如目,目如耳,心如耳目矣。"②如此,似乎那不可见者在声音中,那不可闻者在觉知中,那不可觉知者在光明中。"夷"、"希"、"微"涉及不同的感官,但又同是"一",是"有"。

"夷"、"希"、"微"无一不是"一"。"一"在"夷"、"希"、

---

① [汉]河上公注、[三国魏]王弼注、[汉]严遵指归,刘思禾校点,《老子》,页30。
② [宋]吕惠卿著,张钰翰校点,《老子吕惠卿注》,华东师范大学出版社,页15。

"微"内。正是产生三者差异的东西,即三者之间的差异正是三者的同"一":"混沌无分,寄名为一。一不自一,由三故一。三不自三,由一故三。由一故三,三是一三。由三故一,一是三一。一是三一,一不成一。三是一三,三不成三。三不成三,则无三。一不成一,则无一。无一无三,自叶忘言之理;执三执一,翻滞玄通之教。"①这种在差异内的"一"如同男人与女人的关系。男人、女人都是人的"一",但人的"一"不是实体性的"一",不是一个"一",而是差异性即多中之一。如果我们把人的"一"视为一个集合,那这"一"也不是同一空间内诸多事物的汇集,男人、女人不是空间内的两种事物,不是空间内面对面的现实,男人、女人没有可见的切面,生理上的可见切面与男女的奥妙无关。男女关系处于一个不可能的领域中,处于一个无领域的领域中,它是在空、无内的探索及探索的一无所得,是空、无的自身昏迷。如此看来,把人性视为某种人的共同性,把人类看成某种集合,完全看不到横贯男女之间的差异之一,是多大的迷误!

道的"一"就是如此之一,是差异性即多中的一,而非事物性实体之一。道的"一"本身即差异。"一"(yi)是这样的声音,它包含的差异(y 与 i)是听不出来的:说它差异时还是"一",说它"一"时还是差异。这就是"一"的开天辟地,天地也是如此的差异之一。按《说文解字》说"一":"惟初太极,道

---

① 李荣注,见[明]焦竑撰,黄曙辉点校,《老子翼》,页36。

立于一,造分天地,化成万物。"这"一"也是《尚书·大禹谟》说的:"惟精惟一,允执厥中。"这里说的"执中"不当解为各去其极,保留中间,而是失去参照系统的"混而为一",即无极之域,一个不可界定的非领域,在此领域,一切都不具有确定性,没有什么,没有为什么。这就是道的真,道是如此之真,以至于它与所有的论证无关,也不接受任何提问("不可致诘")。① 在断言的层面上,它既不需要人的肯定,也不在乎人的否定("无名之朴")。

"混而为一"并非通过并置、堆放、对接而把事物连为一体。这里的"混一"是一种没有任何接口,没有任何头与尾、榫与口的错综,好像其中的一切都"混"乱无章(多、差异),却又不可分离地为"一"。《道德经》的"一"不是通过抽象后的那个共相,不是抛弃差异后的共同内容。"混而为一"乃"玄同",②它是如此一个地带,以至于差异与同一不再分离。

其上不皦,其下不昧,绳绳不可名,复归于无物,是谓无状之状,无物之象,是谓惚恍。

"其上不皦,其下不昧"说的是澄明,通体透明,即纯粹呈现。澄明不关视力,凡视力都有度的问题,都有过之("皦")

---

① [汉]河上公注、[三国魏]王弼注、[汉]严遵指归,刘思禾校点,《老子》,页30:"不可致诘者,夫无色、无声、无形,口不能言,书不能传,当受之以静,求之以神,不可诘问而得之也。"

② 关于"同"与"玄"的关联性,参陈梦家,《老子分析》,中华书局,2016,页13—15。

或不及("昧")的问题,与视力无关的澄明既"不皦"也"不昧",这是"道"的光明。澄明之境无"上"无"下","上"即"下","下"即"上"。澄明没有边际,没有中心。澄明是"混而为一"的"一",在其中,不相关者不可分离。

"绳"是寻,"绳绳"就是寻寻,①不寻找什么,只寻找着寻找。寻找本身,不寻找的寻找,没有什么的寻找,自然"不可名"。早于所有的文字符号,初人结绳以记事。在人类用文字符号指示事物的内容前,事物本身就是一个名称。事物就是名称本身,事物的本名是若未交给利用,若未受到欲望之我关注的事物。

"无状之状,无物之象",《道德经》此类否定之否定的话随处可见。对姿态的否定依然还是姿态("状"),对物象的否定依然是"象",都不过是道自身的姿态。对老子来说,诸如无、非、不的否定性,不过是形式的差异本身,即差异之一。要理解这差异之一,不妨看看**唐朝青原惟信禅师**的那句名言,他说:

> 老僧三十年前未参禅时,见山是山,见水是水。及至后来,亲见知识,有个入处,见山不是山,见水不是水。而今得个休歇处,依前见山只是山,见水只是水。

可见无、非、不的否定性排除不是把排除物排除到另一个世界中,置于另一个领域内,似乎存在着一个可容纳这些排除

---

① 帛书作:"寻寻呵不可名也",见高明撰,《帛书老子校注》,页284。

物的场所。这里形成的分别是主体性的,仅是悟(圣人)与不悟(众生)之间的分别,是欲望的姿态不同而已。融入真理的个体确与日常欲望个体产生了差异,但此差异是纯粹形式的:山依然还是那个山,水依然还是那个水!

"惚恍"是有与无之间的纯粹形式差异,即无本身的差异,说有还无,说无还有:"忽忽恍恍者,若存若亡。"(河上公注)①在《道德经》中,"惚恍"就是那个如、若、像、似,是道的真相。进入"惚恍"的悟道圣人不会去问:"世界为什么有而不是不有?"这是一个戏论性的问题。

迎之不见其首,随之不见其后。

如果有"上"与"下",有"首"与"后",那就有了位置,有了观点和立场,有了主与客,有了我与物。有了这些,就不会"惚恍",王弼注"惚恍"说:"不可得而定也。"②没有方位,没有特定的范围,那就是"混而为一"的"一"的澄明。

在道内无与有异而不离,异而为一,面对道的真相(纯粹呈现),是不将不迎。

执古之道,以御今之有。能知古始,是谓道纪。

"道"的真相不是某种日常的道理,某种可记述于书面的

---

① [汉]河上公注、[三国魏]王弼注、[汉]严遵指归,刘思禾校点,《老子》,页31。
② [三国魏]王弼注,楼宇烈校释,《老子道德经注校释》,页35。

理论,可以直接移用到今天。"道"的真相是揭开,是去蔽(海德格尔)而已,而不是揭开后看见的什么。不可把"**执古之道,以御今之有**"理解为把古代的道理应用于当今的事情。"道"不是时空内可以传送或遗传的某物,或某种观念,"执"、"御"与我们平常理解的应用无关。这里涉及时机,"道"的真相是时机,"道"之在"古"与"今",与悟道主体即圣人有关,"道"的真相具有当下性。"今"是"古"的时机、生机,换一种说法,在得道者老子那里,"古"即"今",否则无得道可言。对于得道圣人来说,"古"与"今"的差异是纯粹形式的。随着时间发生改变的不是质料,而是形式,即自身与自身之间的差异。在得道圣人那里,不是"古"与"今"的差异,而是"古"与自身差异与"今"与自身差异的差异,在此可读一下吕惠卿的注:"无前无后,则不古不今矣。虽不古不今,而未曾无古今也。则长于上古而不老者,吾得之以日用矣,故曰执古之道,以御今之有。所谓古者,非异于今也,以知古之所自始也。所谓今者,非异于古也,以知今之所从来也。"①

"古"的澄明不但通达"今",而且"今"是"古"得以澄明的不二时机。澄明不会过去,而是让过去生活于今天,今天是过去获得救赎的机会。在"道"的澄明中,没有什么是现成的、固定的、封闭的。"古"与"今"在"道"内的关联是一种没有间隔的一。

《说文解字》说"纪":"别丝也",即丝的另一头绪。相对

---

① [宋]吕惠卿著,张钰翰校点,《老子吕惠卿注》,页15。

于"今","古"是头绪,但这一头绪只有"今"发生作用即主体化时才如此,就像我们把线圈切断,切口只有一个,起点与终点位于同一个切口上,从被切成的线段看,从起点到终点既是线段的全长,也是自身重合,即非距离、零距离。凡头绪(起点、开端、原初)都如此:它既是向着终点行进的全过程,又是终点本身:"能知古始,是谓道纪"。这难道不正是差异之一吗?"始"与"纪"两字均含"一"音,这不会是巧合吧,对此严遵在《道德真经玄德纂疏》上说:"一以知始,一以知终。"①

思想的历史或者说历史性思想就是这样。思想是创造性重复,先前某一思想在当前经历创造性重复时,才会获得原初性这一称号,原初性与创造性重复无法分离。凡真正的思想都是当代的,当下的。思想既要跑完从起点到终点的全程,也是起点与终点的合二为一。

章十五

古之善为士者,微妙玄通,深不可识。

当按帛书本作"*古之善为道者*"。② 道的真相只是揭开,只是差异着的自身而已,没有主客符合的问题,并非断言性的知识,既不可掌握,也不可传递,所以"*微妙玄通*"。道不是语

---

① [汉]河上公注、[三国魏]王弼注、[汉]严遵指归,刘思禾校点,《老子》,页31。
② 高明撰,《帛书老子校注》,页290。

内之义,亦非言外之意,它处于语内之义与言外之意的临界点上,或者说,它的分裂点("微妙")正是它的会通点("玄通")。这样的一个点位,是平常知识所无法把握的,它"**深不可识**"。

"善为道者"不是故作深沉,装模作样不肯教人,而是他这个人,他的言语进入了一种玄境,在这一玄境中,他无法把道作为某种知识来掌握,来授人。"善为道者"也只是这一道之玄境的守望者而已。人越是想对自己或他人说清楚道是什么,他就越离道的玄境。

夫唯不可识,故强为之容。豫焉若冬涉川,犹兮若畏四邻,俨兮其若客,涣兮若冰之将释,敦兮其若朴,旷兮其若谷,混兮其若浊。

"善为道者",我们在这里称之为得道主体即圣人,既然不能把道的真相用语言转写到黑板或书面上,不能形成某种定义或断言,那么他只能将之铭写在自身的主体化中,即在他入道之际生成自己的主体中。道的这种主体化铭写就是"容",即主体的姿态、行止。道的真相就在圣人即得道主体的行止上。在这里我们必须明白,主体不是某种心理性的实体,甚至也不是某种精神性的实体,只是行止而已。人的心理不过是人对自身姿态、行止或样子的再现和重复。行止不可能欺骗,心理却会有欺骗。

道的真相铭写于得道者主体的行止、姿态就是"若"。这与任何主观性(心理)的假装无关,道原本就是样子、相、表面,主体性原本就在那里。直截了当地说,道的真相就是主体及其生成。道就在理想之人即圣人那里,就是圣人的生活。

"豫"与"犹"按《说文解字》乃是两种动物。我们知道,婴儿在老子的《道德经》那里是一重要意象,动物也是,这种情况到了庄子更进了一步。动物对周围事物的反应并非凭借一种科学性、推理性的知识,而是凭借事物的姿态、相状。与人不同,动物对周围事物姿态、相状的反应直接转换为行为,这是动物的原始理解力。① 在动物那里,我们有关事物的所谓本质并不是某种可以存在于我们实体性心灵内的东西,而就是事物的样子,事物的表面。对于动物而言,事物的本质就是事物的样子,而非样子后面的什么东西。与人不同,动物可从周围事物的相状和样子(包括声响、气味,等等)得知凶吉。古人对凶吉的占卜不正是这种动物性的原始遗存吗?占卜者通过事物的表面纹路来定凶吉。在不经过推理判断、概念思维的情况下,占卜者直接从事物的纹路中看到了凶吉,像动物那样。威胁者、邪恶者就是他的脸,而非脸后面的某种实体性物质。脸不是面具,而是真相(persona)。在某种程度上,小

---

① 在此,本雅明说的一段话对我们理解老子的动物意象很有帮助,他说:"动物的原始直觉在似乎还看不见的危险逼近时,都能找到逃避的方式,而这个由盲从的大众组成的社会就连自身的危险也觉察不到,他们各不相同的个人志趣面对决定性的力量总体茫然不知所措,那是因为这个社会里每个人眼睛只盯着自己的低级享受,用动物般的原始性去追求它们,但却没有动物那原始的理解力。"瓦尔特·本雅明,王涌译,《单行道》,译林出版社,2016年,页22。

孩还拥有这种动物般的原始理解力。在人类知识不断增进的今天,这种原始理解力不但难以恢复,而且被认为是迷信,没有真实性可言。在某种程度上,《周易》保留有这种原始理解力。

"豫"、"犹"、"俨"、"涣"、"敦"、"旷"、"混"都是某种心理活动或情绪,这些心理活动或情绪无一不与某种外在的形态或形象关联着,①这说明,心理活动或情绪的场所是外在事物的形态或形象,日常认为心理活动或情绪发生在实体性心灵的说法是一种妄识。人的所谓内在性,不过是事物的姿态而已,对此我们既可以说,人的内在性比任何事物的外在性都更外在,也可以说,事物的外在性比任何人的内在性都更内在。唯物主义既是经过唯心主义的全程,也是与唯心主义的合二为一,唯心主义之于唯物主义也是如此。物与心的这种关系图景,就是仪式的领域,也是我们用姿态一词欲表达的东西。

孰能浊以静之徐清?孰能安以久动之徐生?保此道者不欲盈,夫唯不盈,故能蔽不新成。

事物的转化,从一极到另一极的转变(从"浊"到"清",从"安"到"生")与事物的形势("静","动")有关。走向了极端

---

① 按海德格尔的说法,畏的情绪是一种例外,它是无对象的,与所有的外在形态或形象无关,畏是畏无。

("盈"),事物的当前形势和现状就会发生改变,变成它的另面。"不盈"才能保持现状("蔽不新成"),才能储势。

章十六

致虚极,守静笃。

"虚"不是一个"极","虚极"不是"虚"的顶点,"虚极"为无极。"虚极"没有始,没有终,没有中心,没有边缘,它是无领域的领域。"虚极"不在任何地方,没有任何位置,它只呈现于主体姿态,并且就是主体姿态,与"虚极"相应的主体姿态就是"守"。其实,"静笃"本身并非某种客观的东西,它不是什么也不做的效果,似乎只要我们什么也不做,"静笃"就自然而然地在那里了。无为并非什么也不做,这仍然是执着,仍然未能摆脱妄识,如焦竑所注:"致虚而不知实之即虚,虚未极也;守静而不知运之即静,静未笃也。"①

"守"既不是被动的,也不是主动的,它是主动与被动发生分裂的间隙,也是主动与被动合二为一的临界点。我们可以把"守"看作专注,在极端的专注中,专注忘记了自身,不再分我物,似乎专注专注着专注,这是一种纯粹的观看,一种不观看任何事物,没有任何内容的观看,是我们说的纯粹呈现,其中没有什么,也没有为什么。在中国的修身传统中,这种现

---

① [明]焦竑撰,黄曙辉点校,《老子翼》,页41。

实被称为止观、观止:它同时是观看,又是观看的停止。它观看到了它观看的停止,类似于老子在别处说的"知不知"(章七十一),"味无味"(章六十三)。

"致虚极"、"守静笃"既是一种功夫("致","守"),也是一种本体("虚极","静笃"),在这里,功夫与本体不可分离。"致虚极"就是"虚极"之"致","守静笃"就是"静笃"之"守",似乎"虚极"由"致"而来,"静笃"由守而至。

万物并作,吾以观复。夫物芸芸,各复归其根。归根曰静,是谓复命。复命曰常,知常曰明。不知常,妄作,凶。

在"虚极"、"静笃"中观看万物,在止观中观看万物,万物与普通人看到的并没有什么两样,但有一样是止观者看到而普通人看不到的,那就是万物的"复",即万物在"作"之时回到自身之无,回到自然中。

"根"不是某个处所,而是非处所。万物的"根"无所不在,又一无是处。归"根"的万物不再作为有用之物显现,而作为自然之物呈现,纯粹地呈现。主体必须保持无欲,必须向无欲主体生成,必须"静",才可观看万物的纯粹呈现,观看万物的自然。这无欲的主体,这"静"的主体,才是主体的"命",才是涉及万物真相的主体性生成。只有这样的主体性,只有"静"的主体才是那个真正不变的、不会死的主体,是主体之"常"。

对万物多样性的认知,对万物"芸芸"的认知,是一种从主观出发的对客观的认知,是妄识,并不"知常"。"常"不是主客在观念上的符合,不是断言性的知识,而是主体"静"的姿态,在这种姿态中,万物"归根"。执着于主客二元,沉迷于事物的多样性,就是"妄",就是"不知常",妄者只会以欲眼来看,他永远看不到自然。

知常容,容乃公,公乃王,王乃天,天乃道,道乃久,没身不殆。

"知常"是"明",是澄明,澄明之境以其无内,无中心而至于无外不在其内,而至于被认为容纳世界万物的时间和空间也在它内,①所以"*知常容*";"容"没有自己的位置、观点、中心,没有实体性的硬核,"容"没有属于自己的任何规定性,所以"*容乃公*";"公"的一致性恰恰是自身的非规定性,这种一致性进入到所有的差异中却不改变差异,或者说,一致性进入差异正是为了保持差异,"公"的一是差异之一,所以"*公乃王*";"王"的普遍性无远弗届,上下左右,古往今来,都无非是此普遍性,所以"*王乃天*";"天"是非领域的领域,是境界,在那里,心与物的差异只是纯粹形式的差异,是无在自身内的差

---

① 对海德格尔而言,由于把握了存在的澄明,由于存在被把握为澄明,时间和空间不再作为自明之物,而是可理解之物,澄明作为自明,它不在世界内的任何一处,它照亮世界却不在世界内,它照亮万物却不是任何一物。

异,所以"天乃道"。

纯粹形式的差异就是差异本身即无本身,道无内无外,没有相对性没有度量性,道不变化,不消耗,不转向自身所不是,所以"道乃久,没身不殆"。

章十七

太上,下知有之。其次,亲而誉之。其次,畏之。其次,侮之。信不足焉,有不信焉。悠兮其贵言。功成事遂,百姓皆谓我自然。

"太上"是道,是"无名之朴"、"无名之名","太上"仅是纯粹名称而已,我们仅得知其有,却不知它是什么,我们对无的情形就是这样,仅是得知、据闻而已:"太上,下知有之。"

"太上"以及接下来的"其次",我们须对照下章理解。"太上"对应道家倡导的无为而治,而那些每况愈下的场景可对应儒家主张的仁政(荣誉统治),法家鼓吹的法治(法律统治),暴君实施的恶政(恐怖统治)。在儒家那里,最高的("太上")是道德,是某种可以经验,可以感同身受的东西(怜悯、同情心、仁);在法家那里,最高的是法律,是惩罚性的权威;在暴君那里,最高的是恐吓,是噩梦,让人成为动物,失去所有尊严。

若"太上"即道仅是一种得知,闻知,而非对什么的知,那么这种纯粹名称之知就是"信"。"信"与"太上"的纯粹名称不可分离,似乎只有在"信"内,纯粹名称才能作为名称存在。在"信"确立的地方,纯粹名称才确立,"无名之名"才确立。"信"的确立与"无名之名",即道之名的确立无法分离。当"信"关联到某种世内事物,关联到具有度的事物,即事物的什么时,"信"也就有了度的问题,有不足的问题。在这种对世内事物的"信"中,"信"可以半信半疑,可以丧失。这是一种心理上的"信",而非对"太上",对"无名之名"的道的信。①

王弼本的"悠兮其贵言"在河上公本和帛书本中作"犹兮其贵言"。当"信有不足"时,就会有犹豫不决,就欲通过语言来说服,就想办法用话语来取胜:"犹兮其贵言"。但得道圣人却不这样,他什么也不说,事物的"自然"就是"信",对"自然"不存在信与不信,信多信少的问题:"功成事遂,百姓皆谓我自然。"

章十八

大道废,有仁义;智慧出,有大伪;六亲不和,有孝慈;国家昏乱,有忠臣。

不是等发生和出现了问题,再寻找解决问题的方法和方

---

① 因此我们可以更清楚地认识安瑟伦对神的所谓本体论论证:神作为绝对者,作为绝对的完善者不正是"无名之名"的"太上"吗?不正是排除一切具体内容,没有相对性的纯粹名称吗?神不是任何世界内的存在物,而是"无名之名"的"太上",与此神相关的"信"与"信之不足"无关。但就像康德据于物自身给出的批判一样,安瑟伦给出的并非是对神的论证,而是对神的理解,而且,此神与《圣经》启示出来的神无关。

案。保持问题的不可能性,先行于问题之前,这才是大道之行,才是无为之治的本义。无为对应的是无问题,等有了问题,等问题进入了人的意识,成了人的常识,无为不但于事无补,还会被人取笑为迂腐。当生活不能先行于问题,而陷于问题当中,当理想的伊甸园一去不回后,为了社会的相对和谐,相对正义,必须鼓吹某些品德,并且有可能的话,尽量把这些品德说成是先天的、天经地义的,它们包括"仁义"、"智慧"、"孝慈"、"忠诚"。

说"仁义"、"智慧"、"孝慈"、"忠诚"是品德,乃是因为对于大道而言,这些都与某种分别意识有关,与某种比较意识有关,就像第二章说的:"天下皆知美之为美,斯恶已;天下皆知善之为善,斯不善已。"当存在进入到人的分别意识,在日常语义系统中获得了名称,就有了善的不足、美的不足、信的不足:"道隐于无形,名生于不足。道隐于无形,则无大小之分;名生于不足,则有仁义智慧差等之别。"[①]有了人的分别及建立在此分别之上的问题,就得去解决。解决不是取消分别即问题,而是引入另一种分别即问题。

道家先行于问题,先行于善恶、是非、亲疏、治乱的分别。问题的出现与分别性意识的出现同时,所以老子在下章马上提出"弃智"。有意识和智识就有分别,有分别就有判断,有判断就有善与恶、是与非、亲与疏、治与乱的问题。如果把善

[①] 王介甫(安石)注,见[明]焦竑撰,黄曙辉点校,《老子翼》,页44。

恶、是非、亲疏、治乱视为文化的核心,那么文化就是"大道废"的后果。文化围绕分别(价值、次序、等级)来建构。文化让人防恶向善,对抗相对恶,就此而言,文化与法律一样,是人为的安排而非什么天经地义的东西。

章十九

绝圣弃智,民利百倍;绝仁弃义,民复孝慈;绝巧弃利,盗贼无有。此三者,以为文不足,故令有所属,见素抱朴,少私寡欲。

若不使分别落实于价值("圣"、"仁"、"义")和智识("智"、"巧"、"利"),百姓便无欲无求,便都归于自然。

文化("文")源于问题,源于"不足",文化要解决问题和不足,但所有文化性的解决之道都无法废除问题和"不足"本身,只是改变问题和"不足"的方式而已,对此,老子要我们回到问题之前:"见素抱朴,少私寡欲。"吕惠卿注说:"圣智也,仁义也,巧利也,此三者以为文而非质,不足而非全,故绝而弃之,令有所属。见素抱朴,少私寡欲,乃其所属也。见素则知其无所与杂而非文,抱朴则知其不散而非不足。"①

不要害怕问题,要在问题中解决问题,要在发展中解决问题,这是文化之道。如此,文化必定是累积增生的,文化永远

---

① [宋]吕惠卿著,张钰翰点校,《老子吕惠卿注》,页22。

需要文外之文,文上之文,它是一种不断解决问题又产生问题的机制,文化的结构具有未来性,它的基本策略是通过推迟问题来解决问题,文化建立在对未来的信用上,这是人类进步论和进化论的心理基础。与其追求这种建立在欲望之上的文化性无限,不如"少私寡欲":"五帝画象,苍颉作书,不如三皇结绳无文。"(河上公注)①

章二十

绝学无忧。唯之与阿,相去几何?善之与恶,相去若何?人之所畏,不可不畏。荒兮其未央哉!

"学"出于求知欲,根源于知的不足,知由欲望推动并为满足欲望。通过学习和知识解决不了欲望的问题,有欲则不能"无忧","绝学"才可以,对此李息斋注说:"学不至于无所学,非绝学也。道以无得为得,学以无学为学。使道而可得,皆仁义也。使学而可学,皆名数也。故圣人以无得为得道,以无学为真学。"②

"唯"(唯诺)与"阿"(呵斥)、"善"与"恶"互相依存,分享着同样的准则和衡量,前者并不能最终克服后者。

圣人"绝学",远离众生的意见域,于是在众生看来,圣人

---

① [汉]河上公注、[三国魏]王弼注、[汉]严遵指归,刘思禾校点,《老子》,页40。
② 见[明]焦竑撰,黄曙辉点校,《老子翼》,页50。

荒唐可笑而又没着没落,像幽灵一样活着:"荒兮其未央哉!"

众生熙熙,如享太牢、如春登台。我独泊兮其未兆,如婴儿之未孩;儽儽兮若无所归。众生皆有余,而我独若遗。我愚人之心也哉!沌沌兮!俗人昭昭,我独昏昏;俗人察察,我独闷闷。淡兮其若海,飂兮若无止。众生皆有以,而我独顽以鄙。我独异于人,而贵食母。

"众生"即俗人。没有"众生"的人云亦云,没有众声附和,就没有常识,没有风俗,常识和风俗又反过来形成和组织"众生",这就是众与俗的同构关系。悟到俗见并非真相,努力过一种参与真理的生活,老子与苏格拉底一样,成了一个多余甚至在众生看来有害的人。

"众生"的生活场景非常热闹,他们在洞穴世界里整日嘻嘻哈哈("熙熙");"众生"很享受日常生活,他们有各式各样的娱乐节目("享太牢"、"春登台");"众生"的生活丰富多彩,趣味盎然("有余");"众生"生活得明明白白,爱憎分明("昭昭");"众生"的生活光鲜亮丽,红红火火("察察");"众生"在社会上如鱼得水,各得其所("有以")。"我"不入"众生"之列,或者"众生"把"我"排斥在外,"我"像一个还不会说话的小孩("未孩"),又如同一条丧家狗("若遗"),无依无靠,无着无落,在世界内没有"我"的位置,像随风飘荡的幽灵,又如同人人避之唯恐不及的新冠病毒。

在"众生"看来,"我"愚不可及,神经兮兮,又不会说话,郁郁寡欢,还不合群,像个未开化的人。"众生"哪里知道,他们生活在洞穴的意见世界内,而我以无涵养自己,成长在无为的境界中("食母")。

"我"生活的本质就是"独"("我独泊兮其未兆";"我独若遗";"我独昏昏";"我独闷闷";"我独顽以鄙";"我独异于人"):"我"被计入"众生"之数却又不属于"众生";一方面,"我"在"众生"内却又多于"众生":"众生"的经验和意见"我"并非不知,但"我"对道的领悟却不为"众生"待见;另一方面,"我"在"众生"内却又少于"众生":"我"是被"众生"排斥后的零余,是没有任何身份的自然存在,一如婴儿。

章二十一

孔德之容,惟道是从。

"容"是姿态、行止。"德"是得道主体。对"道"的追随和服膺无非是主体姿态、行止。主体姿态是"道"的容身之所。"容"从谷,"容"就是不死的"谷神","谷神"是"空"。主体的姿态("孔德之容")是空,"道"就在作为空无的主体姿态中。

"道"不是对象物,"道"不可见,"道"的真相乃"德",即主体姿态。真相在姿态内,姿态即真相。"孔德之容"就是圣人的面容:"道无形也,及其运而为德,则有容矣。故德者道之见也。"①

道之为物,惟恍惟惚。

"道"是无,却不是乌有,"道"什么也不是,却"是",且仅仅"是"。"道"是事物的此在("这个"),是事物的纯粹呈现("有"),却不是事物的内容("无")。如果"道"是事物的内容,它就可以定义,可以描述,可以言传。

"道"关联着"物",却不是世间现实界的任何之物。"道"关联着"物"又与"物"无关,"道"及物却又不为"物"所及,这是"道"之于"物"的"如"、"若"、"似"、"象":"*道之为物,惟恍惟惚。*""道"在自身之无中及物,若不是在自身之无中及物,则"非常道"。

惚兮恍兮,其中有象;恍兮惚兮,其中有物;窈兮冥兮,其中有精;其精甚真,其中有信。

按照常识,"象"是某种世界内的物质造成的视觉效果,"象"包裹和隐藏了产生它的物质或本质,"象"是物质或本质的表面。道不是世界内的任何物质或本质,它的"象"不是这种包裹和隐藏性的表象,似乎在这表象后面有什么一样。道的"象"恰恰是不象,不象任何东西,或者说,道仅仅是"象",而不是象什么、表象什么,这就是道的无象之象,道的纯粹呈

---

① 苏轼注,见[明]焦竑撰,黄曙辉点校,《老子翼》,页53。

现。道的"象"永远是一个动词,道的"象"是永远的揭开,是揭开本身而非揭开后出现的什么。道的真相不在揭开之后,而就在这永远的揭开过程中,是这永远的揭开过程本身。先行于永远揭开的道与作为揭开本身的道是同一个道,对于我们来说,这似乎是对道的揭开过程才令道出现,才令道生成。道就是这种拓扑学循环:"**惚兮恍兮**"。作为动词的"象"是无限之"象",无限之"象"即是道。道不是任何东西,却以"象"的方式在任何东西内:"**其中有象**"。在道内,"是"就是"象","象"就是"是"。对于常识意义的形象来说,道的"象"是幻象:"**象者,疑有物而非物也,故曰无物之象,又曰大形无象。**"①

道作为无或无限的"象",虽无轮廓、无厚度、无内容、无边界、无迹无形,却像某种纠缠不清挥之不去的碎碎念,在你认为它乌有,认为它消失时逮住了你,或像失眠,它似乎是清醒却不是任何一种清醒。失眠既不是睡眠,又是清醒的不可能性:"**恍兮惚兮,其中有物**"。

"精"与"情"通,《庄子·大宗师》说:"夫道,有情有信。""情"由境生,这是常识。但道无境,道是领域的不可能性,是空的境界。空的境界虽不能刺激任何身体性感官,引起某种感受,却是情不自禁的情绪,就像海德格尔说的畏,它畏着却不畏惧什么。或许我们可以说,正是这种由无而来的情绪,使

---

① [宋]吕惠卿著,张钰翰点校,《老子吕惠卿注》,页24。

我们莫名地在生活世界中产生了罪欠感（原罪），尽管我们根本不知罪因何而来，因谁而降。"真"就出现在"情"上，"真"只是"情"而已。

平常知识告诉我们，先有"真"，先有某种实体性的事物或者真实发生的事情，然后才有针对此一事物的"情"、"信"，因为"情"也好，"信"也好，都是某种心理现实，依附于人的心灵。这是人的妄识。

道是动词性的"象"，道的"象""*惚兮恍兮*"、"*恍兮惚兮*"、"*窈兮冥兮*"，这"象"就是道之为道，是道自身，就像佛语所言："若见诸相非相，即见如来也。""*惚兮恍兮*"、"*恍兮惚兮*"、"*窈兮冥兮*"表明，道不是任何指示某种实体性事物的名词，而是形容性动词。这是西方主流本体论的盲点，这种本体论追求确定性。在西方的知识体系中，不确定性被认为是确定性的一种缺失，一种根源于确定性的次生现实或假现实。按照这种本体论，实体、中心、秩序才是真理的核心，一切不真、恶、坏都是实体、中心、秩序的缺失。若道是"象"，是"*惚兮恍兮*"、"*恍兮惚兮*"、"*窈兮冥兮*"，那么就可以说，不确定性不是确定性次生的现象，真实的情形是，确定性仅是世内事物，即短暂之物的相对规定性，确定性内在地关联着它的消失性、相对性。不确定性才是不可消失的、绝对的。

不可消失的、绝对的不确定性乃纯粹呈现即此在，与此有关的"真"、"情"、"信"不可分离。"真"完全是"情"，是"信"，并非先有"真"，后有"情"有"信"。我们上面说过"真"

与"情"的关系,在此不妨提示一下"真"与"信"。道的真相是"象",是"如",这一"象"、"如"不会作为对象性形象投射到主观意识的屏幕上,不是作为主观意识的我的可见之象,道的这种真相化身为主体性姿态,并铭写在主体姿态上。道的真相的主体性化身就是"信"。可以这样说,"信"就是对道作为纯粹呈现的呈现,是对道作为纯粹呈现的保持和命名。这一"信"不是关于对象物的"信",而是信无。作为无之信的"信",就是老子在《道德经》中所言的"守"。

这里的"精"亦可解为更多人接受的精气之类,如此我们便可以说,"精"、"气"的真相与"信"、"守"无法分开。"精"、"气"无非就是主体采取的"信"、"守"的姿态。在主体的"信"、"守"姿态外,无"精"亦无"气"可言。"精"的"真"或存在与"信"有关:**"其精甚真,其中有信"**。就主体姿态言,"精"、"气"既不是先天的,也不是后天的。与之相应,"信"、"守"与某种心灵的主动能力,某种心理的意识活动,某种意愿无关。与道纯粹呈现相关的"信"超越所有验证环节,超越信与可信的二元对立。如果老子《道德经》里真有某种本体论,那也只能是一种召唤的本体论。道家导引术的奥秘或许正在于此。

在道的"象"内,"真"、"情"(气)、"信"乃差异之一。

自今及古,其名不去,以阅众甫。吾何以知众甫之状哉?以此。

道乃纯粹呈现,纯粹名称("无名之名"、"无名之朴"),

道以其在世界内的非位置、非实体性而不可过去、不可消失。道仅是"名",是不死的"名"。道不受世界事物的短暂性和相对性沾染,道是无,无可沾染。

道又是及物的,且永远不会离开世内万物。道在永远处于自身之无,永远回到自身之无中,永远普及万物,永远在万物内。万物形态的短暂性、相对性,恰恰见证了道作为纯粹名称的绝对性。唯在道的差异之一下,万物才表象其多样的性状。这就是道的成物。

章二十二

曲则全,枉则直,洼则盈,敝则新,少则得,多则惑。是以圣人抱一,为天下式。

这里说的是圣人,说的是圣人教化天下人的行事方式。圣人教化天下人,靠的不是讲道理,而是他们的行止,他们的姿态。"全"即成,成全,圣人要成全众生,要惠及万有,不是出离自身之无,不是在众生面前突出自己的存在,刷自己的存在感,而是隐藏自己,在教化的同时又不让人发现自己的存在,润物无声。"曲"、"枉"、"洼"、"敝"、"少"就是这种自我空虚。圣人在教化中回到自身之无,即"抱一"。回到自身之无,使众生受教却不自知,众生成全却不自觉,可谓自然而然。

不自见故明,不自是故彰,不自伐故有功,不自矜故长。夫唯不争,故天下莫能与之争。古之所谓曲则全者,岂虚言哉!诚全而归之。

"自见"、"自是"、"自伐"、"自矜"都带有从自我出发又回到自我的立场,在这种立场中,行动者自我是一端,行动的后果是一端,这样,行动者便可在事后依后果重建自我认同,以后果来确证自我,这样,自我依行动后果的可见可占有变成了可衡量、有价值、有尊严的个体。这种在行动中的自我回馈与自我欣赏,就是主观在世界中自反性的自我意识,在这种意识中,所有的行动都带有为我性,都不可能大公无私,那是在经济视野下作为人最小单位的个体。现代性个体都是经济观的个体。在这种视野下,所有的行动都是竞争,都是为我之争。放下这种自反性的自我意识,让行动只是行动,让行动回归行动过程本身,从而产生不计后果、没有目的的行动。自然行动就是这样,它没有自我中心、自我立场,这是老子思想中的"无为而为",一种没有为什么的行动。"无为而为"并非不作,而是像什么也没作那样作。在自我虚空中,让成全成全,让作作。自然就是这种让在(海德格尔)。

章二十三

希言自然。故飘风不终朝,骤雨不终日。孰为此者?

天地。天地尚不能久,而况于人乎?故从事于道者,同于道,德者同于德,失者同于失。同于道者,道亦乐得之;同于德者,德亦乐得之;同于失者,失亦乐得之。信不足焉,有不信焉。

天宽地阔,大概能接近于自然吧,但天地仍有限度,仍会过去,就像一场风雨。天地尚不能言说自然,人又如何能够?人不言说自然("希言自然"),或许人就真正开始言说自然了。

道不远人,人为道而远人。人一旦为道,道就成了对象,成了一项建立在人力上的事业。学道或悟道就是"同于道"。道是不可占有的非领域,"同于道"自然是一无所得,是"同于失"。道是永恒的秘密,"同于道"不是揭开秘密,展示秘密的内容,而是保守秘密,让秘密继续作为秘密,这种保守就是"信",此"信"没有信与不信的分别,没有信多信少的问题。

章二十四

企者不立,跨者不行,自见者不明,自是者不彰,自伐者无功,自矜者不长。其在道也,曰余食赘形。物或恶之,故有道者不处。

欲望使人不能安之若素,总想不断突破自己的限度。为了追求更高,他就踮起脚尖("企"),为了追求更快,他就迈开大步("跨")。或许有人会说,没有这种进取的欲望,人就不会进步,人类就不会从猎人变成农人,从农业社会走向工业社会,再从工业社会走向信息社会。但在老子看来,这种进取或进步,使人类越来越难以"立"于自然,"行"于自然。

社会的这种所谓进步与自我意识的高涨同步,所以有"自见"、"自是"、"自伐"、"自矜"。这是一个可以称之为人类学的时代:一切从人出发,一切以人为标准,一切为了人。但这种人类中心主义的观点并没有使人看清真正重要的东西("不明"),没有使人明白人为之人("不彰"),没有使人生活得充实("无功"),没有使人变得伟大("不长")。

自然的"自"并非"自见"、"自是"、"自伐"、"自矜"。自然的"自"是非视角性的,是无、空。在某种意义上,所有的视角都透过自然来观看,自然在有关万物的每一种视点之中,但自然本身又不是任何视角,或从任何视角观看到的对象物,就像我们说过的那样,自然既非世界万物的总体,也不是世界中的某一实体。自然不"自见"、"自是"、"自伐"、"自矜"。按《说文解字》,"自"乃"鼻也",段玉裁注"皆于鼻息会意"。由此可见,人与自然之间的分别与隔离并非建立在主客关系上,建立在知觉与知觉之物上,建立在人类中心主义的断言上。人与自然息息相通,人的"自"就是作为鼻息的自然气息。气息是一种节奏,一种韵律,在这种节奏或韵律(鼻息)中,人与自然乃差异之一。通过呼吸、通过调息,人以非意识的方式与自然共属,进入"恍惚"的境界,处于自主与非自主,自觉与无意,知与不知的不可分境界。在"恍惚"的境界中,人不再有"自",不再"自见"、"自是"、"自伐"、"自矜"。这就是"有道者"的处所,也是道家导引术的奥秘。

章二十五

有物混成,先天地生。

"有物混成"说的是自然,"天地"已然是一种分化的存在,已脱离了自然。这里的"先"并没有我们日常理解的时间意义。自然既不能说在"天地"之外,也不能说在"天地"之内,自然对"天地"的化育不可被理解为某种在时间内的繁殖或创生,像母在时间上先于子。自然与"天地"没有共同的维度,自然是无度,与有度的"天地"没有任何可比性。

"有"、"物"、"混成"是同一回事,如果运用海德格尔的方式,可写成"有—物—混成"。这是一个解释学环节,在此环节中的任一因素,都是整个环节本身,这意味着,"有"不早于"物","物"也不早于"混成","混成"不早于"有"。"有"不止是动词,"物"不止是名词,"有"与"物"处于名词与动词不分的那个境界就是"混成"。在"混成"的境界中,"有"即"物","物"即"有"。"有"并非"物"的某种属性,哪怕是所谓的本体论属性。

先说"有"。我们日常所说的"有",或者科学知识上的"有",总关联具体事物,总是从具体事物推导出的观念。于是"有"必须有一个领域、一个位置、一个容纳性的空间。设想一个没有大小、没有体积的点,仍旧是从空间出发的想象,仍旧依据于空间意识。但空间本身仍是某种对象化的东西,是人借以表象的外在场所。自然之"有"非表象,这种非表象性与空间内的那种空洞无物无关,因为那同样还是表象。自然之"有"不是排除了"物"的那种空,"有"不是空间内无物的寂静,而是非空间的寂静,即澄明。必须从一种视觉性的表象离开。我们的常识,我们的科学知识正建立在这种表象化和对象化上。在这些知识下,"有"可见、可描述、可控制、可进行定量分析。现代微观物理学的波粒二象性给这种太阳中心论、视觉主义提出了无法克服的问题。

按《说文解字》,"有"义正是"不宜有也"。"有"就是"不宜","宜"本为宗教祭祀的肴,"不宜"因此就有冒犯和亵渎的意思。"有"永不可合乎时宜地呈现自身,永不能合乎时宜地被说出或被写出,进入我们意识和知识中的"有"总意味着某种冒犯,总处于某种罪欠的状态。"有"一旦说出,就应马上漱口,马上悔过:"有"是不能说有的,说出时已不"有"。《尔雅》说:"幠,有也","幠"从"无",郭璞引注"荒"为"幠"。可见,"有"是在揭示和返回自身之无(荒芜)时而及于万物,覆盖万物。

再说"物"。老子之"物"在"天地"之先,非世间任何器物,亦非由世间万物抽象出来的某种属性。没有任何东西容纳它,或者说,"物"之于自身总是一种溢出的境界,作为一种气息,置身于物理之气和生命之气不分的门槛。"有"或"物"置身于世间万物当中,覆盖了万物,但后者在视觉主义的作用下,永远见不到老子之"物"。

"有"既不是"物"的主词,似乎"物"的主体或来源在"有"中,也不是"物"的谓词,似乎"有"的意义包含在"物"中。"有"与"物"乃差异之一。"有"在与"物"的纯粹差异中就是"物","物"在与"有"的纯粹差异中就是"有",这就是"有物混成"。在海德格尔的存在论上可以说,存在既不先于存在者,存在者亦不先于存在,两者之间属于一种存在论差异。"有物混成"的"混成"意味着,"有"与"物"纯然分离,又纯然为一,"有"与"物"在成己之时亦成异。在这种差异之一中,成己与成异无法分别为二,"物"之于"有","有"之于"物"就是这样。"有物混成"意味着,无从无中升起,无开始自身溢出,自身分裂,由此宣告开端。"有物混成"仍是无,它仅说明,开端是无居于自身的纯粹否定,从而作为差异之一或作为一之差异。

显然,"有物"先于"天地"并非是说,曾有一段时间,"天地"不存在。这里并不存在时间意义上的更前、更早。先于"天地"无非是说,一方面,"有物"是"天地"的源头,另一方面,"有物"与"天地"毫无共同之处,两者的关系没有可公度性。中国人以"天地"、"乾坤"来标示宇宙和世界,这说明,我们生存于其中的世界永远不可能成为一个实体性整体,永远处于差异之一,或一之差异中。这种自身与自身起源的永不重合,自身永不可占有自身起源的境界就是"先":一个非领域的领域。

寂兮寥兮,独立不改,周行而不殆,可以为天下母。

河上公注:"寂者无声音,寥者空无形。""有物混成"既缺乏形象,故"寥",没有声音符号,没有语言去指示它,故"寂"。"有物混成"不在任何空间内,不在空间内发生,不是空间内的事件,而是非空间性的纯粹事件。事件之所以纯粹,乃在于它是无中之有,是缘起。让事件发生的,不是任何先在的外部或先在的内部,没有任何在先的依据,依据不过是事件进入时空后的回溯性演绎。空不是声音和形象消失后留下的那个空洞,这样的空洞仍是可思议的。"寂"、"寥"像是失眠,既是清醒,又是思想的不可能性。在失眠中,我失去了利用语言进行集中思考和控制的能力。是语言在失眠,我不过是跌入其中的失足者。

"独立者无匹双"(河上公注)。"物"("有")无内无外,既不被对象化,也不被纳入某一可思的整体中。它不但不能与某一外物比较,而且也不能反思,"独"不是一种知识,而是无知无识的本体。空之本体不在时间和空间内,不是时间内的事物,它虽经历事物的变迁和动荡,却永葆自身,永远"不改"。没有内与外,没有中心与边缘,没有间距却无所不遍布,这就是"周行"。"周行"即是"无所不至"(王弼注),没有彼和此,一即一切,一切即一,或者说,部分就是整体,整体就是部分。作为缘起或"周行"的"有物混成"与历史无关,与涉及身体的力量或权力无关,与任何损耗无关,故"周行无所不至而免殆"(王弼注)。

"母"性以她的空包容一切,以她的不设防而使一切不可脱离。"母"性以她的外面造就内里,就像那神奇的莫比乌斯带,以她的放开而使一切无不在她的怀抱中。"*寂兮寥兮*"的自然就是这样地"*可以为天下母*"。

吾不知其名,字之曰道。

有形体、可成为对象者才可命名,"有"、"物"既无形,又非对象,当然无名。"有"之为有,"物"之为物,触动或引起"我"的,恰恰不是"知",不是"名",而是"无知"、"无名"。"有"、"物"以不及物的方式及于"我",与"我"同在却又令我一无所知,这只能是一个奇迹。通常,我们使人从无知和无意识进入知识和意识才叫唤醒,但"有"与"物"对"我"的唤醒却不是这样,这种唤醒让以世界事物为对象的自我意识陷入了危机,失去了任何确定性和位置感:"恍惚"。当我们从知识出发,认为无知是知识的失去,是一种非能力的一无所有时,当我们从意识出发,认为无意识是意识的失去,是一种完全消极的结果时,我们可能错失了那作为真正肯定的秘密。"有"、"物"召唤"我"的无知和无意识,并使"我"成为真实的自由和决断。在推理性和演绎性的知识和意识中,"我"并非是真正的自由和决断。

只要是文字,哪怕是我们不认识的文字,我们就可断定它作为符号既有所指,也在语言系统中拥有一定的语义。有关"有"、"物"的字显然不是这样的文字,对于文字系统来说,它只能是破坏,对于所指来说,它只能是否定。"有物混成"中的"有"、"物","字之曰道"的"道",这些名称既不遵守语言的语义结构,也不向外指向某种事物,它们只指示自身,即无。

强为之名曰大。大曰逝,逝曰远,远曰反。故道大,天大,地大,人亦大。域中有四大,而人居其一焉。人法地,地法天,天法道,道法自然。

有、物无内无外,无边无际,所以"大"。这"大"也就是"独",没有任何标准来量度它,它在一切量度外。在量度之外,说有还无,所以"逝";在量度之外,没有中心,所以"远";在量度之外,说无还有,所以"反";①道本身就是"大"、"逝"、"远"、"反":道周普,所以"大"于自身;道无位置,所以"逝"于自身;道非对象,所以"远"于自身;道是零余,所以"返"于自身。道是纯粹名称,因此"大"乃一,"逝"是非地平线,"远"是无限,"反"是非视角。道是纯粹呈现,在此呈现中,看与被

---

① 王弼注:"不随于所适,其体独立,故曰返也。"可见,"反"永远不是一种和谐的、心满意足的返回,而是一种永远的不适,无所适从。真正的否定不是它反面的逻辑结果,而是无所适从,某种在历史时间中作为奇迹的零余。

看无法分离。

周普却无位置,非对象却零余,所以不是某一总体或整体,而是非领域的领域,是境界。道自隐无名而成"天","天"自隐无名而成"地","地"自隐无名而成"人"。"法"是姿态,以它的是而像,以它的像而是。在这种姿态中,"人"与"地","地"与"天","天"与"道","道"与"自然"乃差异之一。

章二十六

重为轻根,静为躁君。是以君子终日行,不离辎重。虽有荣观,燕处超然。奈何万乘之主,而以身轻天下。轻则失本,躁则失君。

"重"是稳重、持重,令人踏实,不轻浮,"静"是沉静、专注,让人不心浮气躁。要屹立不倒("根"),须放低重心;要随心所欲不逾矩,须放下欲望。"君子"所以能自重,乃因他们不为外物所动,不计较环境是好是坏,不分别有趣还是无趣,享受如同不享受,这就是纯粹的经历:"**虽有荣观,燕处超然。**""君子"随遇而安,怡然自在。

"万乘之主"拥有天下,但这些身外之物并不能真正使他获得安稳,使他远离心浮气躁,除非他放下欲望。现代世界及其价值观肯定欲望,在欲望上建立个体的真实性和权利,这是一种"轻"和"躁"的个体。人真正的"本"、"君",人真正的主体性在于处下,在于虚一而静。

章二十七

善行无辙迹,善言无瑕谪,善数不用筹策,善闭无关楗而不可开,善结无绳约而不可解。

"善"在本章凡十一见,不是关于"善"本身,均为"善"的行动或结果:"善"的自身不能离开它的行动和后果,就此而言,"善"不止是观念,它总是及物的。然而,及物的"善"又永远无法物化:没有可循的规则,没有可见的评判标准,没有理性化的手段:"善行无辙迹,善言无瑕谪,善数不用筹策"。"善"无法表明自身,能向人表明自身的"善"已不善。"善"不是任何对象物,"善"不能对象化。"善行"是无为,是为而无为,为而不图报,所以"无辙迹";"善言"是不言之教,既然不言,何咎之有,所以"无瑕谪";"善数"是不计较的智慧,所以"不用筹策"。"善闭"以完全的开放让一切不可入,就像卡夫卡《城堡》的主人公,他站在已为他打开的门前却无法进入。无法进入的是一种完全的开放,它以内为外,以外为内。在这种开放中,进入即是远离,即是被拒绝。"关楗"、"绳约"是我们的欲望及欲望的观点,是自我保存、自私自利的意识形态,从欲望的意识形态走出,才能"善闭无关楗而不可开,善结无绳约而不可解"。

是以圣人常善救人,故无弃人;常善救物,故无弃物,是谓袭明。故善人者,不善人之师;不善人者,善人之资。不贵其师,不爱其资,虽智大迷,是谓要妙。

在老子那里,"救人"无非是把人从欲望的自我意识形态中救治出来,使他归于自然。圣人行不言之教,不是以言,而是以他的行止,以圣人的主体姿态来救人。圣人的主体姿态是空、无,他不希望以自己为中心形成某种组织,形成圈外圈内,形成某一学派甚至某一党派,这些组织总有它的界线,总是排他的。圣人的主体姿态是大公的姿态,因它是空无。这样一来,圣人有施,而众生却不知情,圣人对众生有恩却不图报。圣人这样救人,"*故无弃人*"。"救物"就是让物回归它的自然,圣人自然,与物无对,物也自然,与人无对,以至于"万物皆备于我";"*故无弃物*"。

"袭明"是"知常",是"明白四达"。圣人的知不是对某物某领域的所谓客观认识,而是对一个不是领域的领域的保守,是非二元性的澄明,是善知识,是无漏的智慧。"袭明"没有为什么这样的问题,如吕惠卿所注:"唯圣人以知常之明,而救之于所同然之际,虽行之、言之、计之、闭之、结之,而莫知其所以然,则其明袭而不可得见,故曰是谓袭明。"[①]"袭明"不写在书本上,它写在圣人的主体姿态内。客观的理论知识可知可学,圣人之道既不可知也不可学,是"要妙"。妙就妙在,

---

① [宋]吕惠卿著,张钰翰点校,《老子吕惠卿注》,页31。

"善"不但完全在"善人"那里,也完全在"不善人"那里。在真正的"善"内,并非是"善"与"不善","善人"与"不善人"的二元性对立。"善人"与"不善人"的二元性对立,建立在知上:"知善之为善,斯不善已。"(章二)

章二十八

知其雄,守其雌,为天下谿。为天下谿,常德不离,复归于婴儿。知其白,[守其黑,为天下式。为天下式,常德不忒,复归于无极。知其荣],守其辱,为天下谷。为天下谷,常德乃足,复归于朴。

据考证,"守其黑,为天下式。为天下式,常德不忒,复归于无极。知其荣"为后人窜入。① 若此,便是"雄"与"雌"对,"白"与"辱"(其意为"黑")对,"谿"与"谷"对,"婴儿"与"朴"对。

"雄"与"雌"、"白"与"黑"对说明,没有"雌"和"黑","雄"和"白"就不能显现出来,获得识别:"盖守之以为母,知之以为子;守之以为经,知之以为变也。"②当"雄"、"白"自身显示和被识别为"雄"、为"白"时,让它们变得可见和可分别的"雌"、"黑"作为非是、非在而被排除在现象外。当配对的一方,这里

---

① 参陈鼓应,《老子今注今译》,页183–186。
② [宋]吕惠卿著,张钰翰点校,《老子吕惠卿注》,页33。

是"雄"或"白",执着于自身的物性,沉迷于雄性或白性时,另一方,即让它显出雄性或白性的"雌"或"黑"遭到排除,回到其自身的不可见性中。真正让"雄"获得雄性或雄性力量,让"白"获得白性或白性力量的"雌"、"黑",回到自身空无。

"雄"作为事物,作为一种意识性存在,作为一种能够产生效果的力量,源于它的欠缺,源于它对自身的欠缺或欠缺本身,这欠缺本身就是"雌"。"白"之于"黑"也是如此。"雄"、"白"都不是某种自足自在的实体,它们的实存指向自身外,标示出自身之非。

我们可以把"雌"、"黑"看作"雄"、"白"的界线,此界线使"雄"、"白"获得一种认知性轮廓,并构成了视觉性对象。然而这条使"雄"、"白"显出自身物体性的界线,却横贯"雄"、"白"自身,产生了自身之于自身的分裂:自身=自身分裂=欠缺本身。使"雄"成为个体的是欠缺,"雄"的个体不是别的,就是欠缺本身。"白"的个体性也是这样。在现象界内,有雄性或白性,却没有雄性或白性的最终个体。

对于老子在《道德经》说的"雄"与"雌","白"与"黑",及后来说的"阳"与"阴",可有不可分离的两个层面上的理解。在第一个层面,我们把"雌"、"黑"、"阴"解读为"雄"、"白"、"阳"的对立面,解读为它们的非是、非在。按照这种理解,"雄"与"雌","白"与"黑","阳"与"阴"就是某种在两极之间互相转化的现实。任何处于表面对立的两者,无论是"雄"与"雌",是"白"与"黑",是"阳"与"阴",都存在非极端的中间状态,在这些中间状态中,"雄"与"雌","白"与"黑","阳"与"阴"都以一种度存在着,都在这个度上转化着,所谓"万物负阴而抱阳,冲气以为和"(章四十二)。在第二个层面,"雌"、"黑"、"阴"不但是"雄"、"白"、"阳"的对立面,是其所不是,且是"是其所不是"的"不是"本身。在此层面上,"雌"、"黑"、"阴"仅为纯粹的可能性,纯粹的潜能。作为纯粹可能性,纯粹潜能的"不是"的"雌"、"黑"、"阴"是"雄"、"白"、"阳"的源泉和基础,但这种纯粹可能性,纯粹潜能从来不走向实现,从来不进入现实中。它们是以在自身空无内或者总是回到自身空无内实现自身来作为源泉和基础的。只有在这一层面,我们才能理解老子说的"守"的意义,才能理解在老子那里,"阴"与"阳","黑"与"白","雌"与"雄"是非对称的,前者优于后者的说法:"柔弱胜刚强。"(章三十六)

概括地说,"雄"与"雌","白"与"黑","阳"与"阴"的关系,既有转化性或量度性的对立,存在着向彼此对立面转化的运动,同时又显示出,"雌"、"黑"、"阴"以"不是"的方式,以空无的方式,乃是"雄"、"白"、"阳"的源泉与基础。

"知"作为一种识别能力,须离开自身而与外物发生交接,"知"乃"离":"及为物之所迁,则日益以离。"[1]"雄"对应的正是"知"的这种出离,即事物在世界内的现象。"雄"作为现象具有限度,"雌"却不可现象,它是非限度。"雄"可知,"雌"不

---

[1] [宋]吕惠卿著,张钰翰点校,《老子吕惠卿注》,页32。

可知。"雌"与"雄"并非是二,"雌"就在可知、可现象的"雄"内,但却是不可知、不可现象者。对于在可知、可现象的"雄"内却不可知、不可现象的"雌",唯有"守"。"守"中有"寸","守"与几、微有关。"守"的不别的,就是自身之无、"无名之朴"。"守"者并不知所守何物,他在无知中守望着,在无知中守望着无知。"守"从来不是某种可以学习和掌握的知识能力,"守"不建立在知识上,它关联于几、微,与中国古人说的慎微有关。"守"令人不执着于自身的中心性,不执着于自身的意识性,不执着于可知可欲的事物。"知"对应的是有欲的自我意识,"守"对应的是无欲的主体。"守"让人警觉那不可见的界线贯穿了被我们日常视为根基者、中心者。"守"让人警觉到断裂、深渊的无处不在,从而培养出一种非凡的洞察力,去洞察自然的寂静之音,那个"无名之朴"即"自然"。

"雄"与"雌"并非处于同一个领域,也不是处于两个领域,它们的关系处于非领域的领域。"守"就是针对此非领域的领域的主体性姿态,"守"即德。"**知其雄,守其雌**","**知其白,守其黑**"要人在可见的现象界不迷执于现象性的事物,在可知可欲的世界不迷执于器物的用度,要人在动之智中守望静之慧,在现实的限度和比较中守望无极和非比较,在日常生活的世界里守望自然之"朴":"朴者,真之全而物之混成者也。唯其混成而未成器……,则无极不足以言之也。"①

---

① [宋]吕惠卿著,张钰翰点校,《老子吕惠卿注》,页33。

"谿"、"谷"是道的流经处,它的深渊或基础是裂隙,是空。道的到来("常德")只是在裂隙和空中的守望,所以"**常德不离**"。道不显现,尽管它与物的感知轮廓相涉,道不在,尽管它遍在于一切事物。道不可占有,不可得到,而只能"守","守"就是道的"德"。凡"德",都是不得之得。

"婴儿"活于世界,在此世活动着,但他并不把这种活动作为一种对象,他活动着,却不回味这种活动。他在着,却不知在。他不是享受在,他的在就是享受。得道者圣人("常德")也是这样:当有人问得道圣人:"你得着什么啊?"得道圣人无言以对,这像执着于"知"的大人问"婴儿":"你乐什么啊?""婴儿"同样无言以对,这是"婴儿"的"朴":"朴"不是因为拥有什么而乐,真实的乐不需要任何东西,它没有理由。对理由的寻找迷失了"朴",也失去了"朴"之乐。快乐不需要理由,这种快乐不伤身,不失元气。

朴散则为器,圣人用之则为官长。故大制不割。

"朴"乃未成器之木,自然本无器用,它只是在那里在着,不为人有,不为人用。守的正是"朴"的不有和不用。"朴"也是守出来的,守总是守中,总是守无守空。守是一种凝视,从无所有处对无的凝视,守是真正的乌托邦。

"器"为人所有,为人所用,乃"朴"的沉迷和失守:"**朴散则为器**"。"朴"消失隐匿在人对"器"的寻视和利用中。"朴散"则"官长"立,制度出。若还处于"朴"的无欲无为,哪里需要什么"官长"、制度之类。有了"器",有了人的用度,就出现分配问题,无论是身份还是财物,于是设置"官长"制度。然而,为人之用的"器"也分什么人用:有农人用,有商人用,有圣人用。若"圣人用之",则仍能守,他们警觉器物用度的限度,懂得节制,懂得无用之用才是大用。圣人之用(节制)才是制度的原则,才是"不割"的"大制"。非圣人制法度,不可成就"大制"。"大制"须节制,须有中庸之道。圣人对器物的使用与圣人的修身内在相关。

章二十九

将欲取天下而为之,吾见其不得已。天下神器,不可为也。为者败之,执者失之。故物或行或随、或歔或吹、或强或羸、或挫或隳。是以圣人去甚、去奢、去泰。

如果把"天下"、国家当作一种可被窃取、可利用、可实现个人权力欲望或满足百姓欲望的器物或手段,那就违反了"天下"、国家的初心。"天下"、国家乃"神器",是祭祀用的圣物,抵抗一切为实现和满足欲望的利用和占有。利用"天下"、国家来实现某种居于欲望的尘世目的,即使声称幸福生活的目的,意味着"天下"、国家不再作为"神器":"**天下神器,不可为也。**""天下"、国家一旦仅作器物或手段之用,一旦被当作为实现某种目的而结成的契约制度,那就进入了落后与先进、强与弱、盛与衰的循环。要超越这一循环,就不能把

"天下"、国家建立在欲望和满足欲望的制度上,就得节制,就得"去甚、去奢、去泰"。

章三十

以道佐人主者,不以兵强天下,其事好还。师之所处,荆棘生焉。大军之后,必有凶年。善有果而已,不敢以取强。果而勿矜,果而勿伐,果而勿骄,果而不得已,果而勿强。物壮则老,是谓不道,不道早已。

"天下"有道则无事。"天下"有事则不得不有官长,有"兵",不得不运用一定的强力。圣人或好道的君主必须懂得运用强力即政治的限度,懂得强力的不得已。建立在强力上的政治仅仅是一种济难抑或是为实现国家的强大,包括经济或军事上的强大,这是一个问题。老子在这里的回答很明确,就像王弼注说的那样:"果,犹济也。言善用师者,趣以济难而已矣,不以兵力取强于天下也。"

一旦不再守朴,视朴为落后,那么朴散后就只剩器了。如此以往,终有一天,人也成了器物,甚至会与自己造出的机器人分不清。到那时,一切都无法再收拾,不可逆转,走向"*其事好还*"的反面。现代国家的所作所为正好与老子说的相反,已到了积重难返的地步。

强力、进取导致朴散,其结果难以修补,景象是"荆棘"、"凶年"。世界不再养生、利生,而成了生命的伤害、噩梦。绝对的安全希冀绝对的力量,皆由绝对的个人主义或国家工具论或契约论使然。一种希望还能回到朴的政治必须拒绝绝对的安全观,一种全能的帝国主义。无法与强力分开的政治"济难而已":"善有果而已,不敢以取强。果而勿矜,果而勿伐。果而勿骄,果而不得已,果而勿强。"老子告诫的"勿矜"、"勿伐"、"勿骄"、"勿强",在今天尤其有警示意义。

其实并没有永远的绝对安全。繁荣、强盛之类并不能永远持续下去。凡是事物,凡是器,都会衰竭、朽去,因为它远离了不朽的道,已然是朴散的器物。感觉最好的时候,感觉最安全的时候,可能正是最危险的时候:"物壮则老"。

章三十一

夫兵者不祥之器,物或恶之,故有道者不处。君子居则贵左,用兵则贵右。兵者不祥之器,非君子之器,不得已而用之,恬淡为上。胜而不美,而美之者,是乐杀人。夫乐杀人者,则不可以得志于天下矣。吉事尚左,凶事尚右。偏将军居左,上将军居右,言以丧礼处之。杀人之众,以哀悲泣之,战胜,以丧礼处之。

自然之物在朴散后可成为一件器物,从而成为一件满足人的需要的商品,也可成为一件武器,以应付和化解危险,前者是人的生存之器,后者是人的安全之器。凡器无不成于欲,无不对应着人的欲望,而欲望要保持为欲望,就要不断地进取,不断地在力量上增强自己,欲望追求多中之多,追求更多。以安全为借口的军备竞赛,实际是一种人欲的逻辑,这当然不是老子的逻辑:"兵者不祥之器,非君子之器,不得已而用之,恬淡为上。"

从国家的现实和历史看,军事、武力无可避免。"君子"无法自外于作为器物的国家,但当知道国家的限度。"君子"在国家机器中须知止,知道某种"不得已而用之"。所有的战争只有被纳入"丧礼"的机制中,才可能有挽回正义的机会。

章三十二

道常无名,朴。虽小,天下莫能臣也。侯王若能守之,万物将自宾。天地相合以降甘露,民莫之令而自均。

一切正义都不能从器物的力量和用途出发建立起来。真正的正义"无名"、无力。正义是"朴",是未成器之木,既不为人有,也不为人用。正义不统治,不尚武,它只纯然地在着。真正的正义不是人义,不是以人为中心的人为的或契约式的正义。

"道"所以"不能臣",乃因"道"是"朴",是无欲("常无欲,可名于小")。不见可欲,欲望就不起。欲望是多中之多,是更多,无欲是小中之小,是更小。小而微,微而妙,妙而神,器物性存在及建立在这些存在物上的道理永不能捕捉和掌握

"朴"之"道"。正义是"朴",而非是某种统治与被统治的关系。正义是自身之于自身的无,正义"无名"。

君王若能守"道",他就清楚器物用度的限度,就认识到商业和军事的限度,就能看见政治制度向正义开放的机会。正义不是法律的结果,与法律对名誉和财物的分配无关,它是自然的无为之道。

始制有名,名亦既有,夫亦将知止,知止可以不殆。譬道之在天下,犹川谷之于江海。

"始制有名"关联上面说的"朴散为器"。王弼注说:"始制,谓朴散始为官长之时也。始制官长,不可不立名分以定尊卑,故始制有名也。"①有器必有名,器名相对,都与某种用度和权力相关。建立在器物上的制度也是一种有名分的制度,一种具有权能性质的制度。在这里,器物的等价物(金钱货币)与权力的关系,再清楚不过。此外,有关某一器物的命名、定义或知识,也历来与权能脱不了干系。所有的共识都隐藏着权能,认识这点有助于澄清器物与制度的隐秘关系。

建立在器物上的社会是当然的还是不得已的,与此相关的名分是当然的还是不得已的?现代所谓的自然权利恰恰排除了自然,排除了自然之朴,现代社会追求的繁荣致力于克服朴,它把朴视为一种不可忍受的匮乏,甚至一种非人的原始。

---

① [三国魏]王弼注,楼宇烈校释,《老子道德经注校释》,页84。

现代的自然权利建立在器物上,它的核心表现就是私有财产的神圣性。与此相反,老子的看法是:与器、名相关的社会制度及其对应的权力是不得已的,因为它正走在一条遗忘和排除朴的道路上,它远离了朴之乐,走向了对器物的利用和消耗之乐,走向了由器物之用带来的快感。因此,这种围绕器物之用建立起来的社会须意识到自身的限度,须"知止"。没有这种限度意识,社会无正义可言,所以老子说:"*知止可以不殆*。""知止"方能"其事好还"。

老子在上面一直在说"天下",说政制,他忧虑"天下"朴散。如何在"天下"(国家)政制生活中守朴?老子的回答是节制、"知止"。朴克制着器物的用度,让器物保留着返回自身之无即自然的可能性。朴在政治生活中体现为对限度的自觉,"道"在"天下"的临在体现为对限度的自觉。"川谷"是"有名","江海"是深渊,是"无名","有名"止于"无名","川谷"止于"江海"。"天下"是"有名","道"是"无名","有名"止于"无名","天下"止于"道"。知"天下"守"道",如同"知白守黑"。

章三十三

知人者智,自知者明。胜人者有力,自胜者强。知足者富,强行者有志,不失其所者久,死而不亡者寿。

"智"是一种知识,它有对象,可以描述和说明,所谓"知人者智";"明"是澄明,尚未陷入主客的二元对立,它是知行合一。"自知"并非是对自己的认知,并非是对自身拥有一定的知识,而是返回自身的"无名之朴"。"**自知者明**"实际上是守,是对不知、不可知的朴的守护。对"力"的感觉发生于人我之际,当作为对手的他人被制服时,我有了力量的感觉。"胜人者"总伴随着对象的被制服,"自胜者"则无,"**自胜者强**"就强在他自持于无,自在于朴,不为需要和满足所移。"自胜者"行动却不需要任何行动的理由,"志"就是这种没有任何理由的行动,所谓淡泊以明志。"志"是对朴的信念,是在众生认为荒谬之处泰然自若。

久不是时间的延续,凡落入时间的都不久。"其所"是时间的空隙,是朴,"不失其所"在于守朴。"无名之朴"超越时间,"死而不亡"。

章三十四

大道泛兮,其可左右。万物恃之以生而不辞,功成而不名有,衣养万物而不为主,常无欲,可名于小;万物归焉而不为主,可名为大。以其终不自为大,故能成其大。

"大道"没有自己的位置,没有自己的处境,故能无所不在,能处身于所有处境,这是"大道"的普遍性和大公性。在此可比较老子的"大道泛兮,其可左右"与《礼记·礼运》的

"大道之行也,天下为公"。

"大道"的普遍性、大公性既涉及万物,又不在万物中留下辙迹,而是返回到自身之无。① "大道"生发万物,万物却没有恰当的语言来表达这种生发("*万物恃之以生而不辞*");就像万物成就于"大道"的不在,"大道"的功勋与所有人的功勋毫无共同之处,人的功勋必须被书写出来,必须留在历史的记录内("*功成而不名有*");"大道"养育万物却不主宰,以它的无位置、非处境而成就了万物的位置和处境,使万物获得具有限度的自治("*衣养万物而不为主*")。

"大道"在成物之际回到自身之无,与万物不相干,不在万物中保留自己的位置,不在万物中形成自己的处境,这是"大道"的不仁,是"常无欲":"故天下常无欲之时,万物各得其所,若道无施于物,故名于小矣。"② "大道"的不仁使万物彼此之间完全平等,一视同仁("大公"),因此平等,"大道"处身于所有处境,乃至于最卑贱者("可名于小")。"大道"既可进入最卑贱者,它便无所不包,无所不含,它是包含着所有领域的非领域,即无边界的境界,将万物纳入其中又不加限制

---

① 对于道之于万物的遍在性(大公性、普遍性)及其返回自身之无,可读《庄子·知北游》:"东郭子问于庄子曰:'所谓道,恶乎在?'庄子曰:'无所不在。'东郭子曰:'期而后可。'庄子曰:'在蝼蚁。'曰:'何其下邪?'曰:'在稊稗。'曰:'何其愈下邪?'曰:'在瓦甓。'曰:'何其愈甚邪?'曰:'在屎溺。'东郭子不应。庄子曰:'……物物者,与物无际,而物有际者,所谓物际者也;不际之际,际之不际者也。'"这里说的"不际之际,际之不际",即是我们说的非领域的领域,领域的非领域。

② [三国魏]王弼注,楼宇烈校释,《老子道德经注校释》,页89。

("*万物归焉而不为主,可名为大*")。"大道"遍布万物,可谓万物根源,因其永远回到自身之无,回到无位置、非处境:"*以其终不自为大,故能成其大。*"

"大道"之于"万物"的在即是它的不在。"大道"在生养"万物"之际让自身与"万物"无关,在生养之际返回自身之无。回到自身之无乃无欲、无为、"不名有"、"不为主"。

"*万物归焉而不为主*",万物的迷执就发生在这里,在"大道"成就万物而"不名有"、"不为主"之际,万物获得了具有限度的自治,万物遂把这种有限自治归于自身,视为自己的能力,由此形成了自由的欲望或欲望的自由:自由=欲望。人类学的视角由此成了真理的视角。

章三十五

执大象,天下往;往而不害,安平太。乐与饵,过客止。道之出口,淡乎其无味,视之不足见,听之不足闻,用之不足既。

"大象"无象,"**执大象**"乃无执之执,无为之为,无欲之志。有"象"的地方就有所滞,有所执,无法"**天下往**"。只有无执,只有"**执大象**"才能无所不至,无所不在,才能无偏颇、无遗漏,才能王"**天下**"。"大象"即大公。"大象"无所不至,是一切现象之物作为有限存在的可能性,"大象"不在诸现象中示现,它是纯粹呈现。"大象"的纯粹呈现让现象之物呈现出来("白"、"阳"),自身却不呈现("黑"、"阴"),它流行却不干涉,它以非领域(无)来包容领域(万物),故"往而不害,安平太"。

"乐与饵"虽有摆脱形象的趋势,但仍然是具象而非无象的,仍会让人有所滞留,有所迷执("乐与饵,过客止")。音乐与某种心理兴趣有关,美食与某种感官快感有关。无象的"大象"不带来任何兴趣和快感,它是朴而非器。道作为纯粹呈现,在任何感觉器官的能力外,它不为这些感性能力所显现。在这些感官能力面前,道是不在,是隐去。作为纯粹呈现的道是隐去本身,而非隐去后面的什么;道是对隐去过程的命名:"道之出口,淡乎其无味,视之不足见,听之不足闻,用之不足既。"

章三十六

将欲歙之,必固张之;将欲弱之,必固强之;将欲废之,必固兴之;将欲夺之,必固与之,是谓微明。柔弱胜刚强。鱼不可脱于渊,国之利器不可以示人。

凡世间事物都是势,都是度,都处于转化和转向的态势中。推动事物朝向某一目标运动的过程,与使目标消灭和成为过去的过程是同一个过程。树立和实现目标意味着着手消灭目标。所有的目标无一不是为了且走向自身的消灭,真相不在目标,也不应把真相建立在目标上。真相是过程,是无目标的过程,纯粹的经历。"知其白守其黑"让人离开实体,离开建立在实体上的目标,离开现象之物("白")而转向纯粹呈现("黑")。在"知白"中"守黑",让"知白"自限于现象界,觉悟到现象界的限度,质疑"知"对"行"的全权统治,这是老子在这里说的"微明"。"柔弱"不追求什么,不实现什么,它无目的,它是无硬核、无节点的过程,所以永远立于不败之地("*柔弱胜刚强*")。

生命当如鱼一样,须与纯粹呈现、非现象的深渊("黑")关联。鱼若脱离深渊,就会见"白",必为人所捉。深渊里没有方位,没有目标可言,"渊"即无,生命须在无中游历,像一个过客,仅纯粹地经过,纯粹地经历。"大象"非象,"利器"亦非器,"国之利器"只能是朴,朴无以示人,也无需示于人。国家若是机器,国家若是器物,就只能是引起欲望的利益机制,永远处于纷争和解决纷争的恶性循环,永无宁日。

章三十七

道常无为而无不为。侯王若能守之,万物将自化。化而欲作,吾将镇之以无名之朴。无名之朴,夫亦将无欲。不欲以静,天下将自定。

"道"虚静恬淡,永远返于自身之无。"道"返于自身之无而流行万物,乃是不在的全在。以不在的方式,"道"在万物,以不及物的方式,"道"及于万物,这就是"道常无为而无不为"。可以这样说,一方面,"道"纯然异在,它不是某物而是无,另一方面,"道"之于事物的亲密性,胜于事物之于自身的亲密性。正是由于"道"之于事物的绝对亲密性、直接性,事物永远不可能完全地通达自身,与自身完全合一。

正义只能是"无为而无不为"。"道"永远返于自身之无,虚静恬淡,它不偏颇,不强制,不定亲近疏远。"道"从不作为主宰者而在,与"道"的关系不产生主次或主奴关系,不产生权力关系。治理天下者若能守此"道",若能"无为而无不为",万物则处于自然中,不见可欲,不执着于利用,如此"*万物将自化*"。

回到自然、自化,这是万物的可能性。万物的实际性是它的"欲"。面对欲望的萌动,须树立"无名之朴",让人清楚欲望之物的限度,转而去欲、节用、守朴。朴散引起名与器,名与器引起欲望。"无名之朴"虚静恬淡,是一种非强力的和平。

下 篇

章三十八

上德不德,是以有德。下德不失德,是以无德。上德无为而无以为,下德为之而有以为。

道不是一种主客相符的观念,不是一些可以书写和可以言说的断言,道先行于主客的二元对立。道不是实体而是姿态,即纯粹呈现。在道的纯粹呈现中,呈现者、被呈现者、呈现三位一体。"德"是得道的姿态,是道的主体,是修真、修身。老子《道德经》是修真、修身学。真关乎姿态、主体,关乎修道。

"德"是无的姿态,是无的主体,它只能是一无所得。如果道德是某种心理性的现实,与某种满足和赏报有关,那么《道德经》的"德"也不是道德,而是非道德("上德不德")。"上德"是得的否定,"上德"既不自恃有得,也不知有德(得)。"上德"之得不是别的,只是"德"本身。生活在"德"

内,这就是"德"之得:"德"即生,生即"德",所谓"生生之德"。《道德经》的"德"并非平常说的道德,平常说的道德乃"下德"。

"德"一旦成为心理学对象,成为可以争取和积累的东西("积德"),就成了道德,成了"下德"。"下德"自成一体,可以学,可以教,可以拥有,可以用它来获得身份和地位,这只证明"下德"不是"德"而是"无德":"下德不失德,是以无德。"

"上德"是无的姿态,它不可传授,不可通过学习获得,不可拥有,不可建构("上德无为而无以为")。道德("下德")则可通过模仿,通过学习,通过规划而实现("下德为之而有以为")。"下德"建立在现成之物的现象上,"上德"则没有任何外在的榜样可以模仿。①

上仁为之而无以为,上义为之而有以为,上礼为之而莫之应,则攘臂而扔之。故失道而后德,失德而后仁,失仁而后义,失义而后礼。夫礼者,忠信之薄而乱之首。前识者,道之华而愚之始。是以大丈夫处其厚,不居其薄;处其实,不居其华。故去彼取此。

"上仁"是不仁,即至爱或博爱,这种爱没有自身的利益,没有自身的目的,没有从自己出发的算计,没有意向性的建

---

① 冯友兰认为:"有以为"和"无以为"说的是有没有模拟造作,有模拟造作就是"有以为",没有模拟造作就是"无以为",见《中国哲学史新编》,转引陈鼓应,《老子今注今译》,商务印书馆,2016,页216。

构,是没有分别和意向的爱("上仁为之而无以为")。"上仁"只是爱,非因对象的具体内容而爱,所谓的泛爱众。真正的爱必然与从自己出发的动机无关,超出有意识的计算,是纯粹的牺牲:"后其身而身先"(章七)。

"上义"为某种目的或意向而行动,它行动而且要实现某种目标,最终以它达到的整体效果为标准。"上义"是建构性的,以认知为引导。"上礼"则是对一套外在仪式或律法的遵守,不可避免地包含着制度性的强制。

如果我们把"上德"、"上仁"、"上义"、"上礼"分别归于以下领域:主体(大公)、伦理、社会、国家(政治),那么可看到,一方面,自觉性递次减弱,强制性逐渐增强,另一方面,从主体("上德")到国家("上礼")的过程,也是对知识的依赖及其系统化不断加深的过程。

如果按韩非子在《解老》中的读法:"失道而后失德,失德而后失仁,失仁而后失义,失义而后失礼。"那么我们也可以这样理解,如果没有先行或先验性的道,德也是不可能的,如果没有德,仁也是不可能的,依此类推。这种解读告诉我们,道虽不能由其不是的方面识别出来,证明出来,表述出来,但却是绝对的,是不可还原的预设。这就是道的真相,就道而言,真相即预设或设想(本体即如同)。就此而言,道所否定的,如仁、义、礼、智之类,并没有被扔掉了,消灭了,永远不会有这样的时间,似乎道否定的东西(非)被排斥到时间之外。否定只是一个过程,被否定者处于这个永远不会有时间上的起点和终点的过程之中,这也是道本身的过程,在这里,道像通道,像纯粹的手段或渠道。被道否定者在自身的领域内开辟出一个非领域,一种新现实的可能性。

执迷不悟者执着于可见的"礼",执着于仪式的表面和律法的字面,缺乏对不可见之道的信守。欲心及乱象由此而起。道是纯粹呈现而非呈现之物或事物的内容,具有特定内容的事物(世界现实)通过知识把人挡在道外。

章三十九

昔之得一者,天得一以清,地得一以宁,神得一以灵,谷得一以盈,万物得一以生,侯王得一以为天下贞。其致之。天无以清将恐裂,地无以宁将恐发,神无以灵将恐歇,谷无以盈将恐竭,万物无以生将恐灭,侯王无以贵高将恐蹶。

在日常认识中,"一"具有三方面的意义:一、"一"是序数中的一个,且是第一个;二、"一"是整体,是一个具有界线的封闭性集合体;三、"一"是现成物集合体的统一,是排除各种事物差异后的抽象一致。这里的"一"与上述的三种意义无关。

要这样理解与道相关的"一":一、"一"与任何可添加或积累无关,道不可拥有和占取;二、"一"与任何外在性,可比较性无关,道外无物;三、"一"是非处境的,它不可计算,道不是物。

道不是任何事物,但道在事物内,道在事物内的姿态就是"一",亦即上面说到的德。事物都存在于被称为世界的集合体内,任何事物都是世界的一部分,在世界内,事物是可计算的。但事物也同样在道内,在道内的事物不再作为世界内的一部分,不再被计算,这就是事物的"一":"天"的"一"、"地"的"一"、"神"的"一"、"谷"的"一"、"万物"的"一"、"侯王"的"一"。"得一"者在世界内不再作为计算之物而在,不再作为部分而在。"得一"即是在世界内计算的不可能性,即是不得,诚如吕惠卿所言:"道一而已,而得之,则得之者与道为二,非一也。唯其得之而无得,故谓之得一者也。"①

在世界内,"天"、"地"、"神"、"谷"、"万物"、"侯王"各自作为一种事物占据一个特定的位置,各得其所,各行其是。但在道内,这些"得一"的世内事物进入了非领域,不能再一个个分别开来,对此李嘉谟注说:"所谓一者何?知天之所以清,即知地之所以宁;知神之所以灵,即知谷之所以盈;知万物之所以生,即知侯王之所以为天下贞。盖极其致,皆有生于无也,是未曾不一也。若不知一则必自异,自异则必物绝。"②"得一者"无我:"有我无我之间,此得一不得一之所由别也。"③这里的

---

① [宋]吕惠卿著,张钰翰点校,《老子吕惠卿注》,页45。
② 转引[清]魏源著,黄曙辉点校,《老子本义》,页86。
③ [清]魏源著,黄曙辉点校,《老子本义》,页86。

"清"、"宁"、"灵"、"盈"、"生"、"贞"(另作"正")显示了这种不分的姿态,即"一"的姿态。若世内存在物不能进入这种"一"的姿态,事物就与无限无缘,只显出它们的有限命运:"裂"、"发"(通"废")、"歇"、"竭"、"灭"、"蹶"。

故贵以贱为本,高以下为基。是以侯王自谓孤、寡、不谷。此非以贱为本邪？非乎？故至誉无誉。不欲琭琭如玉、珞珞如石。

"贱"、"下"与"知白守黑"的"黑"一样,指道临于万物的姿态即一。道之于万物的临在,万物的得一造就了一种普遍性的具体(黑格尔),或者更好地说,大公性的独一:"是以侯王自谓孤、寡、不谷。"

"贵"与"贱","高"与"下"都是处于有限且封闭状态的世界中的身份,一旦进入大公性的独一,这些建立在此世上的身份就不再有分别的意义。大公性的独一仅是呈现,超越一切外在的评价,无须他者的认同,它只在着。"至誉"与外在的目光和评判无关,与满足感无关,"至誉"即自在,自在于无(守朴),所以"至誉无誉"。

章四十

反者,道之动；弱者,道之用。天下万物生于有,有生

于无。

"道"不动,则无物之生,无物之有,则不及于物。但"**道之动**"在生物及物之际,在进入世界之际又回到自身内,回到自身之无,永远处于寂静。"**道之动**"永远不停止、不破坏"道"的寂静,似乎寂静不动才是"道之动"的前提。就在"道"返回自身之无时,"道"遍布、贯彻万物,这就是"道"的动、生。"道"在寂静中生养万物,以不及物的方式及于万物:"将欲全有,必反于无也。"①

"道"及于万物,在万物中显示了它的在,即它的"无",但并不在万物中留下自身的辙迹,并不为之主,并不自称为有,这是"道"的"弱"。物越是强大("物壮"),越是丰富("华"),越是受到关注("贵"),"道"就越隐晦难明,越远离它的澄明。用"弱"就是用减法:"损之又损,以至于无。"

"有"即一。"有"或一是万物的先天,却并不先于"万物"。"万物"既在"道"内显示为独一的"有"或一,又在世界内显示为众多的乃至无限的"有"或一。"无"与"有"都是生活之"道"的姿态。"无"并不先于"有","有"也不先于"无","有"与"无"都是生的面相。"有无相生"表明,"生"不是时间内的现象,与生物学意义上的生育无关。"生"不过是"有"与"无"的差异之一,"生"是一,但这一却容许"有"与"无"的根本差异。

---

① [三国魏]王弼注,楼宇烈校释,《老子道德经注校释》,页113。

章四十一

上士闻道,勤而行之。中士闻道,若存若亡;下士闻道,大笑之,不笑不足以为道。

面对"道"可有三种情形。"道"无形无象,无声无息,本不可闻,"道"因此不导向任何的陈述和断言,而导向守和信("其中有信")、导向"行"("勤而行之")、导向"志"(王弼注:"有志也"),导向"如在"(孔子:"祭如在")。在这里,与其将"**勤而行之**"看作"闻道"的结果,不如认为两者是具有同时性的事件,一方面,"道"好像由"**勤而行之**"才获得见证和确立,另一方面,所以"**勤而行之**",乃因有"闻道"这回事,尽管闻道者完全不知道"道"是什么。就此而言,"道"与"行"的关系处于一般的知识过程之外,对此李嘉谟说:"明道者自明,非光之明,外不得而见,故若昧。"①

闻道者必是有志者,必是行者,反过来说,"道"似乎仅存于有志者之"行"的见证中。"闻道"与"行"无法分别开来,这就是"道"的如在。如在并不是一种理论或知识上的假设,而是一种非概念性的纯粹假设,它直接或内在地就是"行"。闻道者说不出任何有关"道"的陈述或断言,他从来不问为什

---

① 转引[清]魏源著,黄曙辉点校,《老子本义》,页90。

么,他只是去"行":"*勤而行之*",犹如一旦不"行","道"将失去。纯粹假设的成立与任何自身之外的理论无关,这种仅凭自身的自身确立直接导向"行"。面对作为纯粹呈现的"道",只有主体姿态,只有"行"(信守)与之相应。这也决定了闻道者的"行"是没有趣味的,恬淡的。"上士"就是这样的志士、行者。

然而,外物的牵涉,欲望的冲动,兴趣的追求,这些都给"道"与"行"的直接性增添了变数。"中士"的情形在于,他有向"道"的愿望,却缺乏自恃于"道"的志气。他不总能忍受淡然无味、寂静,不时地要从"道"中获得某些趣味,这就让他时不时地陷入由知识产生的欲望。在意志薄弱和"信之不足"者那里,"道"乃"*若存若亡*"。

能引起笑的无非是一些具有形象的事物,"下士"完全陷入事物的形象或现象界。在他看来,凡无形象或现象者皆不是真实。"下士"探索"道",他觉得"道"是某种东西,得道必是有所得,为了表示这种有所得,他必须大笑不止。

故建言有之:明道若昧,进道若退,夷道若颣。上德若谷,大白若辱,广德若不足,建德若偷,质真若渝。

由此可以得出结论说,道既不是感性直观的对象物,也不是意识的对应物,"明道"与某种界定无关,"明道"的澄明不但不依于人的立场,而且是对人的立场的清除,不但不依于人的知识,而且是对人的知识的清除,在这种清除中,不但人认知的对象物陷入了不确定性,而且人本身也陷入了不确定性("*明道若昧*")。"道"既不能像某种知识那样可以传播和传授,也不能像某段历史经过那样可以记忆。"明道"作为对可传播、可传授的知识的清除,与其说它是文明之前的,不如说它是文明之后的;"明道"作为对可记忆的历史的清除,与其说它是史前的,不如说它是后历史的。"*明道若昧*"不是我们理解的那种依据文明进行判断的蒙昧主义,那仍然是一种执着。道的澄明才是真正的启蒙,它让人穿越并超越太阳光的现象学,了悟那光中之光。

"明道"是确信,建立在无上的对无的确信。确信却不产生任何断言或客观陈述,它无法进入日常的言述。在日常语言中,对道的言说欲言又止,这就是道的讷:有却无言。日常言述越相信它说着了道,对道的界定越确切,道就越暧昧不清,越让人恍惚。

"*进道若退*":"进"即取得、接近,"退"即返回、离开。接近道,向道的前进就是离开,远离它要接近的目标。对道而言,接近就是远离,似乎在空间上越是接近道,接近者就越失去空间性,越没了方位。如果在空间和时间上接近道意味着空间和时间的自失,那就意味着,道作为不可能性与时间、空间无法分离。"退"是从时间和空间中退出来,从而使在时间与空间内的不可能之道示现,使无呈现。在无的呈现中,日常时间进入了它真正的时间性中:时间不再均质地从过去流到现在,从现在通往将来,不再拥有毫无丧失的可能。"退"使时间揭示自身是可以丧失的,时间会变得越来越少,这是真正的时间性,它产生催迫性的忧心,犹如对衰老的忧心。退出时间,就是退出自身之作为实体或中心,返回自身之无,返回没有忧心的自然,这才是老子说的"退",或"反"。从现成物中退出,从器物的用度中退出,从一切获取、掌握、占有、控制的态度和立场中退出,从某种建立在空间和时间内的目标退出,如孔子所言:"道不远人,人为道而远人。""进道"在于放下,不对得道念兹在兹。这里所说的"退"与上面提及的"守"并无不同:退守,"退"即"守","守"即"退",都是在无中的无的姿态。

"*夷道若纇*":通往道最好的路是那坑坑洼洼、崎岖难行的路。道在现象界无连续性和一致性可言,它只能是中断、间隔、缝隙。道在现实世界中作为空洞而在,它不在崎岖道路的尽头,而就是这条通往道的道路的崎岖形式。道就是通往道之道路的表面,但这表面与连续性和一致性无关。

"*上德若谷*":"上德"即是得道的主体姿态,此主体不获得、不拥有、不控制、不利用,犹如一无所得,即上面所言"*上德不德*"。"上德"是主体化的无或者无的主体化,是朴。

"*大白若辱*":纯粹呈现造就了视觉,但又不为视觉所见。如果没有不可见的"辱"(黑),就没有为人所见的世界,就没有太阳的光线,因此要"*知白守黑*"。

"*广德若不足*":在道内,"德"乃不得,不得之得。真正的"德"是得无,是无得。

"建德若偷":"德"的树立不可显耀,显耀表示有所得,这已经不是"德"了。"德"只是守而已,像偷来的东西一样,不可公之于众,当隐藏在不可见的地方。

"质真若渝":"真"不是某种实体,不是某种具有物体性的事物。当"真"涉及现象之物,临在于世内事物时,事物就成了正突破自身的事件。事物的表象保持不变,但将之呈现出来的视野发生了变化。"真"不在于内容,而在于纯粹形式。

所有这些对立,"明"与"昧"、"进"与"退"、"平"与"纇"都不是具有中心点的两极关系,不是现象界内的关系,而是现象者与永不现象者的关系。现象者与永不现象者既非反映,亦非倒影,也不是我们通常理解的辩证关系。两者是不对称或非对立的,"昧"不是"明"的反面,似乎两者加起来为零;"昧"是"明"之于自身的最小差异,是"明"自身之于自身的零余,"进"与"退"、"平"与"纇"的关系也是这样。这零余使所有的事物都产生了一个复身(doublé),一个重复(répétition),这重复就是使自身得以表象的与自身不同的框架(视野),这个不可见的框架就是老子在这里说的"若":"*明道若昧,进道若退,夷道若纇。上德若谷,大白若辱,广德若不足,建德若偷,质真若渝。*"在此意义上,所有的"是"皆为"若"。所有自身与自身的关系都包含着差异、空洞,都是似乎、好像、"若"。在"A = A"的公式中,第一个A与第二个A并非是同一个A,它的意思只能是"A好像是

("若")A"。

大方无隅,大器晚成,大音希声,大象无形。道隐无名,夫唯道善贷且成。

"大方无隅,大器晚成"不过是"大音希声,大象无形"更形象化的说法。什么是"大"?"大曰逝","万物归焉而不为主,可名为大","大制无割"。这里所说的"大"并不是与小发生比较后的那个大,如果还有一个更大者,即不可为"大"。在"大"外不再有与它对照之物,既不与小对,也不与更大对。"大"是与任何外在性、器物性不相关的自身,没有内外之分,没有整体与部分之分,没有主次之分,"大"因此是"逝"、"无割"、"不为主"。"大"回到自身的否定,回到自身的空洞,回到自身之无。"大"不是任何感性直观,与任何形象或任何形象性存在物无关,它只是思想,是主体性姿态。

"大音希声":声音的最终肯定在于它被全然排除在声音之外,好像声音是从无中听出来的:无声。

"大象无形":形象的最终肯定在于它被全然排除在形象外,好像形象是从无中看到的:看无。如此,包括听力和视力在内的一切人的能力,都不会是某种纯粹主观的东西。人曾被认为是万物的尺度("万物归焉"),但万物之所以归向,正在于所归向者"不为主"。

没有参照物,无内无外,没有整体与部分之分,没有主次之分,因此"道隐无名"。道以不及物的方式及于物,以无施的方式施于物,道在成物之际返于自身,不损不减,故"夫唯道善贷且成"。

章四十二

道生一,一生二,二生三,三生万物。万物负阴而抱阳,冲气以为和。

关于"道生一",吕惠卿注说:"道之在天下,莫与之偶者,莫与之偶则一而矣,故曰道生一。"① 没有与"道"相对相比之物,没有界定"道"的标准,"道"的"一"也就是非一,即"道隐无名"的"无名"。

当"道"有了名称,"道"就与它的名分离,这是"道"的"二"。

"道"与名分离之际,就形成了处境,一种具有总体特征的世界性,这是"道"的"三"。"万物"是"道"脱离它的自然的处境化,"道"在处境中是不可见、不可思之"物","道"在处境中是关联主体姿态的不可还原的零余。

"阴"和"阳"不是两种实体之间的关系,也不是所谓的现象与本质之类的关系,而是在时空中的现象与现象的不可能性的关系,即滞留者与非滞留者之间的关系,吕惠卿对

---

① [宋]吕惠卿著,张钰翰点校,《老子吕惠卿注》,页48。

此解说:"凡幽而不测者,阴也;明而可见者,阳也。有生者,莫不背于幽而不测之阴,向于明而可见之阳,故曰,万物负阴而抱阳。负则背之,抱则向之也。"①所有的现象都是处境中的现象,都是在某种视野中的可见物,都是一种暂时性的现实即滞留,都会向着它尚不是的反面转化,这是由于"阴",即"幽而不测者"在现象界中造成的空洞和缺乏使然。作为现象的现实世界同时是一个在特定的度上循环运动着的世界。"万物"的变迁反映的是作为处境的此世的短暂性、限度性。

当"万物"归属于"道"时,"万物"是非处境性的,没有限度的,这是万物的自然,这时的"万物"属"阴";当"万物"归属于世界时(万物在世界内的出现即万物与世界的一同涌现:世界的创生或者说世界化),或者进一步说,归属于人的世界时(万物在世界中的起用;万物变成人的在手之物,可为人掌握和利用之物),"万物"无不在处境和用度(限度)中,这时的"万物"属"阳"。"万物"属"阴"时,"万物"乃是非一的一切或者一切的非一,这是无漏,"万物"属"阳"时则有漏,"阳"总是视野之见,限度之见。"阴"不可见,却是无漏之见;"阳"可见,却是有漏之见。

"阴"既是"阳"向之转向和转化的所不是之面向,又是"阳"的自身面向的重复。并不存在两个领域,只有作为

---

① [宋]吕惠卿著,张钰翰点校,《老子吕惠卿注》,页49。

"阳"的重复,"阴"才是"阳"的反面或所不是之面向。重复即相反,即全新,这是非领域的领域或领域的非领域,此即境界。使世界保持统一性,使传统得以可能的,不是时空的连续性,而恰恰是时空连续的不可能性,那里有全新创造的秘密。

"冲气以为和"的"冲"与"道冲而用之或不盈"的"冲"同,"冲气"即虚气。在"冲气"中,"万物"保持它们绝对差异的一("和"):和而不同。在"道"的无中,"万物"各自另属却又不另外,都是不一之一。

人之所恶,唯孤、寡、不谷,而王公以为称,故物或损之而益,或益之而损。人之所教,我亦教之。强梁者不得其死,吾将以为教父。

居下、用弱、处"阴"、"守黑",进入非人的处境亦即非处境中,这样才能无漏,才是大公之道,所以"王公以为称"。"损"是非处境的逻辑,不但"损"人所拥有的,还"损"人之为人,"损"是去欲。"益"则与之相反,它强化了处境,强化了执着。

老子并非是要人避免这个世界,避免万物,世界万物是道的机会,尽管道不混同于世界万物,但道不离开世界万物。重要的是,不要执着于处境之身,陷入视野之见,而要守望视野之外,耐心于不可进入视野内的希望。陷入视野之见的处境之身追求强力,已经是偏执之身。所有这些分别,不过是执着的一念之差。①

章四十三

天下之至柔,驰骋天下之至坚。无有入无间,吾是以知无为之有益。不言之教,无为之益,天下希及之。

这里的"柔"与"坚","无有"与"无间"不是居于某种度的对立关系,如果是度的对立关系,那么两者就是相互的,相克的,这里显然没有这种意思。"柔"与"坚","无有"与"无间"是无度与有度,非领域(境界)与领域(处境)的关系。"柔"、"无有"的境界可进入"坚"、"无间"的处境("驰骋"、"入"),但境界本身并非处境。对于处境来说,境界不可见。及物而非物,而不物化,这是老子说的"无为之有益"。事物之于事物的关联需要时间,需要消耗,而无为之道之于事物的关联并非如此。

道在返回自身之无,持守于自身之无而遍布万物,道及物

---

① 为了对抗这种视野之见,齐泽克提出了著名的视差之见。视差之见不再站在由时间和空间的自明性立场上看真相,在那样的一个立场,从不同视野看到的事物已是实体性现实,关系是后来的,由不同视野中的诸现实实体构建,视差之见突破这种以实体来建构的本体论,一方面,每一视野都已分裂,视野的一致性是不可能的,另一方面,不同的视野之间不是通过某种中介发生综合,发生关系,而是互相平行的,不同的视野同时以横贯的方式交叉。不同的视野之间不是通过某种接口的先后交接,而是以不相干的方式同时叠加,见斯拉沃热·齐泽克著,季广茂译,《视差之见》,浙江大学出版社,2014,特别参"引论:辩证唯物主义兵临城下",页1—21。

而"无为","无为而无不为"。国家和社会推崇的是"坚",需要的是坚船利炮,希望拥有没有死角("无间")的防护能力。民族主义国家强调处境,对于全然放开或放下的境界,则视为无能隐士的做法,弃之不顾:"不言之教,无为之益,天下希及之。"

章四十四

名与身孰亲？身与货孰多？得与亡孰病？是故甚爱必大费,多藏必厚亡。知足不辱,知止不殆,可以长久。

"名"是名誉,与某种建立在他人眼光上的评价系统有关。生命的处境化,即人的在世存在,离不开他人的眼光,离不开他人的凝视。处境化的身体,在世界内生存的身体,不可避免地是社会文化的身体。还有一种身体,它是非处境的,非社会文化的,那就是自然的身体。在越来越发达的文化社会中,自然的身体越来越难以呈现,与自然身体相应的怡然自得也了无踪迹。在现代社会中,人的快乐必须从他的文化身份,从他的社会身份中吸取。古代的隐者,他们正是通过让身体从文化和社会身份中退出,远离名利,以便令自然的身体呈现出来并怡然自得。

只有器物并具有器物之用的才是"货"。社会文化的身体离不开器物之用,这些器物不但为维持身体的持存,而且用以提升身体在社会文化中的地位,成了一种身份的标志。

器物作为社会文化身体身份的典型标志,就是作为货币的金钱。资本主义不单是一种生产关系的制度,更是一种享乐的制度。如果回到自然的身体,资本主义就失去它的动力。资本主义的剥削制度远不止是人对人的剥削,而是对自然身体的剥削和消灭("是故甚爱必大费,多藏必厚亡")。这种制度不但存在于人的社会关系中,更存在于个人的生活方式中。

世界内的身体离不开社会文化,离不开器物之用,在这种情况下,如何保守自然的身体,是老子关切的问题。每个人能够做到的,是节用,是"知足"、"知止",是限度意识。只有放弃不断追求建立在"名"和"货"上的快感,回到恬淡无为,才能寻回自然之身的怡然自得,才明白建立在社会文化或金线上的身份性身体是一种精神疾病,是不能"长久"的。不会死的是非处境的自然之身。

章四十五

大成若缺,其用不弊;大盈若冲,其用不穷;大直若屈,大巧若拙,大辩若讷。躁胜寒,静胜热,清静为天下正。

"大成"是这样的一种行动,它抵抗着自身的轮廓化和框架化,抵抗着自身的量化。"大成"不可能由量的不断积累而成,它不在限度内,是非处境、非领域的:"始无所始,终无所终。"①"大成"永远没有一种判断它成就的客观标准，没有符合和满足之说。相对于现世建立在符合、满足之上的判断标准，"大成"无处存身，它是不显现、空洞，所以"**大成若缺**"。"大成"与量以及量的增加或减小无关，它是限度发生的根源却不是任何的限度，它的用乃无用之用，故"**其用不弊**"。

"大盈"是非整体，是整体的不可能性。"大盈"不是容纳现成事物的空间，"大盈"是空间的可能性，本身无内无外。"大盈"的空（"冲"）与任何的视觉能力无关，并非任何视觉直观的对象，这就是"**大盈若冲**"的意思。"大盈"非量，不可计量，"**其用不穷**"。

在道的非领域即境界内，没有两个点是相同的，也没有不同的两个点不是同一的点，进即退，"直"即"屈"，最遥远的距离恰恰就是自身，是自身之无，故"**大直若屈**"。"大巧"无非自然，自然没有计较，没有算计，不在知识内，故"**大巧若拙**"。纯粹呈现并非对象，不假断言和陈述。一旦通过语言，把语言视为表达某种内容的工具，就已经不是"大辩"，故"**大辩若讷**"。

"寒"与"热"是在一定的度上相对立的两极，此两极在一定的条件下向各自的反面转化，故"**躁胜寒，静胜热**"。"清静"是无为，它超越极端，超越限度，超越转化，是纯粹的肯定

---

① ［宋］吕惠卿著，张钰翰点校，《老子吕惠卿注》，页51。

("正"),故"清静为天下正"。

章四十六

天下有道,却走马以粪;天下无道,戎马生于郊。祸莫大于不知足,咎莫大于欲得,故知足之足,常足矣。

如果没有战争,马就不会成为战马。马的存在并非为战争,因为人的战争,因为人的欲望,马被迫成了某种工具,被迫离开了它存在的自然状态。"有道"与"无道"不但涉及人的生态,也涉及动物及其他事物的生态。

在世界内的任何事物,都可以成为用具,以便在某种程度上满足人的欲望。如果没有事物的用具性质,事物不具有任何可用性,人就实现不了他的基本需要,不可能在世界内存活。针对这种情况,老子提倡"知足"、"知止",提倡过一种简朴生活。日出而作,日落而息,自给自足,一幅田园牧歌式的生活景象,虽还不是清静,但近于清静的逻辑。过简单的生活,尽量降低基本的欲求,这就接近无欲无求了。欲望总是欲望的欲望,总是更多更强的欲望,否则欲望就停止为欲望。欲望的逻辑是一种更多更强的逻辑,一种加法的逻辑,一种战争的逻辑。要摆脱这种欲望的逻辑,就当安于田园式的生活,仅利用土地里自然生长的部分,以满足人最低限度的生活需要。

章四十七

不出户,知天下;不窥牖,见天道。其出弥远,其知弥少。是以圣人不行而知,不见而明,不为而成。

"户"、"牖"意味着视角,是视角性的视野主义。在视角性的视野主义内,"知"、"见"针对的是世内存在物,即处境中的事物。"天道"不可能如此为人所"知"、所"见"。"天道"的纯粹呈现与视角性的视野主义无关。

"见天道"不是任何一种具有判断性和陈述性的知识,不是某种符合或证明,不是主观认识与客观实在的一致性,甚至也不是河上公说的推己及人的知识:"圣人不出户以知天下者,以己身知人身,以己家知人家,所以见天下也。"①

"见天道"与任何视觉中心主义无关,它恰恰要求对视觉的悬置:"不出"、"不窥"。与"天道"澄明对应的,是主体姿态,是主体的非立场。与"见天道"对应的,不是某种人本主义立场。圣人是这样的人,他没有立场,圣人是无人("绝圣弃智")。圣人主体是"恍惚"的主体。圣人通过自己的非立场("无私"),通过自己的"不行"、"不见"、"不为",而让"天道"去"行"、"见"、"为"。在圣人那里,"不行"并非与"行"相

---

① [汉]河上公注、[三国魏]王弼注、[汉]严遵指归,刘思禾校点,《老子》,页112。

对,"不见"并非与"见"相对,"不为"并非与"为"相对,如果是那样,依然是执着,依然是自私。在圣人那里,"不行"意味着行却不行什么,行如同不行;"不见"意味着见却不见什么,见如同不见;"不为"意味着为却不为什么,为如同不为。这就是圣人的"*不行而知,不见而明,不为而成。*"

章四十八

为学日益,为道日损。损之又损,以至于无为,无为而无不为。取天下常以无事,及其有事,不足以取天下。

"学"寻求一种主观认识与客观实在的一致性,寻求对世内事物的认识,这种建立在视觉意义上的知识是可以积累起来的,或通过记忆,或通过书本,或通过存储设备,学习者会有某种进步感、获得感("为学日益")。"为道"却根本不同,"道"没有供人观察的视角,它根本不是什么视觉对象物,"道"的呈现或澄明对应人从所处的立场中退出,任何居于立场的主动作为只能遮蔽"道"的澄明,使之愈发难明,所谓"道不远人,人为道而远人"。"进道若退",须用减法,所以"*为道日损*"。越是"为道",越是入"道",就越是失去确定性,越是无法确定"知"的什么。

"为道日损"的"损"永远处于过程中,因此总是"*损之又损*",永不止息的"损"。"无为"并不是"*损之又损*"过程的停止及其后果,似乎"无为"是"损"之过程的消失或从此过程中脱离出来,而成为"为"的反面,即成为不作为,成为沉睡。"无为"不过是说明"*损之又损*"这一过程的非目的性,"无为"是作为没有目的的纯粹过程,没有内容的纯粹经历,只有这样,"无为"才"无不为"("*无为而无不为*")。"无为"不是"损"之过程的一个环节,一个组成部分,而是没有目的性的过程本身。可以说,"无为"既是"*损之又损*"的过程,又是这一过程的例外。如此,"无为"超越了与作为它反面的"为"的辩证关系,标示出纯粹呈现即无目的性。在无目的性中,"无为"的过程就是"为"的过程。

"无为"就在"*损之又损*"的过程内,而不是这过程的一个结果,这涉及"无为"与"学",与知识的悖论。一方面,"为道"与"为学"不同,"道"不是"学"来的,另一方面,就像"无为"不是不为,不是沉睡那样,"为道"始终与"学"相伴,不但不排斥,而且呼唤着"学"及知识。可以这样说,"学"不能入"道",但却是入"道"的机会,且是唯一的机会。"为道"没有把"为学"抛弃掉,使它不复有效,而是在悬置"为学"的同时,"为道"把"为学"放到了自己的前面,让它开放并成为自己的道路。

不能把"天下"作为实现某种目的的手段拥有,须像看待"自然"那样看待"天下",须把"天下"看待为无目的的("无事")。倘若把"天下"看作可以窃取的器物,而不是不可用的、没有目的的"神器"(章二十九:"天下神器,不可为也"),"天下"就成了是非对立的纷争之地。

章四十九

圣人无常心,以百姓心为心。善者,吾善之;不善者,吾亦善之,德善。信者,吾信之;不信者,吾亦信之,德信。圣人在天下歙歙,为天下浑其心。百姓皆注其耳目,圣人皆孩之。

圣人不同于常人,不同于"百姓",正是他能"无常心",能以他人之心为自己之心,而百姓只能活在自己的心中,走不出自己的欲望和心思。因此这里丝毫不意味着"百姓心"有什么高明之处,并没有什么百姓总是对的,百姓的眼睛是雪亮的之类。老子当然明白,"百姓"不同于圣人之处,正是"百姓心"是欲心,是功利心。因此,"*以百姓心为心*"仅仅说明"*圣人无常心*",因其没有计较心,圣人因此能够深入并经历"百姓心"。没有计较的"无常心"将不会把"百姓心"与圣人心做二元论的对待,非此即彼,这仍然是有心,仍然是执着。对二元论的破除,不是选择那个看起来更正确、更好、更善的一元,而是置身于看起来应该躲避的更错的、更坏的、更恶的一元,这是圣人当站的位置,即把那些看起来难以忍受的、不好的、恶的放到自己身上,不如此无以真正表明"*圣人无常心*",并且只有这样才能教化和拯救那些错的、不好的、恶的心灵。

圣人"无常心"就是他的大公心("德"),大公之心是非处境的实在,正因为是非处境实在,它才能普及和流行于一切处境,尤其处身于平常心即欲心避之不及的处境:"善者,吾善之;不善者,吾亦善之,德善。信者,吾信之;不信者,吾亦信之,德信。"超越与平常心对立关系的"无常心"能够作为平常心而在,能够"以百姓心为心",但反过来却不是这样:"百姓心"既不能以"无常心"为心,也不能甘于"百姓心"。同样,"德善"能够善"不善",但"不善"既不能善"善",也不能善"不善";"德信"能够信"不信",但"不信"既不能信"信",也不能信"不信"。

"歙歙"是屏住气息,心无所住,无所往,随遇而安,随机应变,因此是"无常心"的另一种说法,就像王弼所注:"是以圣人之于天下歙歙焉,心无所主也;为天下浑心焉,意无所适莫也。"[1]圣人能够是"百姓",能够"以百姓心为心",以至于"百姓"看不出圣人就在他们中间,以至于认为"天下"并没有什么圣人。这意味着,如果圣人被百姓认识为圣人,圣人就假了。圣人与"百姓"的分别,不能通过"耳目"辨认出来,越是向外寻找,越是用外在的标准来衡量,圣人就越不可见。

章五十

出生入死。生之徒十有三,死之徒十有三。人之生动之死地,亦十有三。夫何故?以其生生之厚。盖闻善

---

[1] [三国魏]王弼注,楼宇烈校释,《老子道德经注校释》,页135。

摄生者,陆行不遇兕虎,入军不被甲兵。兕无所投其角,虎无所措其爪,兵无所容其刃。夫何故? 以其无死地。

四十七至四十九章一直在谈守中,谈欲望的妄动问题,此章转入养生,也在同样的逻辑上。从"出生入死"至"以其生生之厚"说的是普通人的生命,"盖闻善摄生者"以下则谈修道者的生命。

进入世界,在世界内的生存是有限度的生命。"死"内在于在世界内的生命,就像"生"内在于在世界内的生命一样。从世界的时间现象看,"死"后于"生",但从生命的本质看,"生"的领域就是"死"的领域,如庄子所说"方生方死,方死方生"(《齐物论》)。生存在世界内的人随时而生,也随时而死,机会是一样的,这是人作为在世界内生存的命运:"生之徒十有三,死之徒十有三。"但还有一种情况,即人受"生"之欲望的驱动,把自己当作对象,当作一种可欲物,以之经营人生("生生之厚"),这样做非但不能保全生命,还是一种速死。

超克"死"不可通过对"生"的经营,不可把"生"当作财富来积累,那并不能超越生命的限度("死地")。只有相信和坚守生命的非世界性,非领域性("兕无所投其角,虎无所措其爪,兵无所容其刃"),只有相信和坚守在世界内的生存是真生命的唯一机会,却不同于唯一真正的生命,方可超越生命的在世限度,这就是老子先前说的"后其身而身先"、"无身"("以其无死地")。

关键不是那个在世界现象内的躯体，而是修真的姿态（"守"），只有在修真姿态中，真身才呈现出来。当人不再是可欲之物，也就从野兽的食物和战争的器用中排除了。由此可见，老子《道德经》的思想并非构建在人本主义上。

章五十一

道生之，德畜之，物形之，势成之。

"势成之"帛书为"器成之"。① 章二十八有"朴散则为器"，此外章十还有"埏埴以为器，当其无，有器之用"之说，"器"即器用。

在《道德经》里，这句话可说表达了老子最具系统性的世界观。"万物"分别被置于四个纬度："道"、"德"、"物"、"势"（"用"）下，显示了它的四种形态："生"、"畜"、"形"、"成"。

"道生之"："道"使万物出现在世界上，或者说，"道"使作为万物视域的世界与万物同时涌现，但从万物的视域即世界来看，"道"并不在，并不有。在世界内，"道"作为万物源头永远不可成为某种可言说的实体（"道可道，非常道"），某种可见的对象物。"道"不是此世的事物，与此世没有关系，尽管它是世界万物的源头。让世界万物得以"生"，得以有的"道"却不生不有（"生而不有"）。"道"既不是世界之物，不

---

① 参高明撰，《帛书老子校注》，中华书局，2016，页72。

为万物所命名,我们就不能说"道"在时间上先于或后于世界万物,"道"之于万物不是某种必然性的关系,而是非辩证的偶然,是纯粹偶然。纯粹偶然无非是说,"道"以不在的姿态在世界万物内,两者之间没有任何中介可言,"道"使一切中介消失无形。"*道生之*"的过程就是"道"回到自身之无的过程,"道隐无名"的过程。

"*德畜之*":"畜"是养育、维持,"德"是得道的主体姿态。只有在得道的主体姿态中,"万物"才能顺自然,才能自然地生长。得道者不以欲望面对万物,不以私利拥有和保养万物,它养育万物却又不自利,他的所做不过是让万物任自然("*为而不恃,长而不宰*")。

"*物形之*":万物互相区别,各自成为具体的事物,为人辨别乃由于它们的轮廓、形式。万物不变的本质并非事物形式后面的内容或质料。本质不是某种实体,而是形式。事物的形式或样子并不在空间内,不可见的形式是一切在空间内可见事物的光。

"*势成之*":世界万物都可以是器物,有各自的"用"处。通过"用","万物"沉入到世界内,成为在限度内的事物。万物一旦唯用,一旦仅用实用主义的眼光来看待它,它就执着于某种外在的目的论。

是以万物莫不尊道而贵德。道之尊,德之贵,夫莫之命而常自然。故道生之,德畜之。长之、育之、亭之、毒

之、养之、覆之。生而不有,为而不恃,长而不宰,是谓玄德。

"万物"被首先置于"道"与"德"的境界看("*是以万物莫不尊道而贵德*"),在"物"与"势"("用")外看"万物",这"万物"就是自然。作为器用的"万物"已然处于主客二元对立的网络内,或已有外在的暴力,或已有内在的扭曲。所有世内事物的用度无不涉及外在的暴力或内在的扭曲。在"道"与"德"的境界中,"万物"只是呈现,此在地纯粹呈现,"万物"因"道"而在却不自知,"道"令"万物"存在于世却不自主。"道"在"无为"中成就"万物",以不相关的方式及物:"*莫之命而常自然*。这就是"玄德":"生而不有,为而不恃,长而不宰"。

并不存在两种"万物",或者"万物"存在着两个阶段,存在的是不同时机下的"万物":或在非可欲的境界中,或在可欲的世界内。老子要我们转向"道"与"德",就是要我们不要沉迷于用度的世界,不要沉迷于器物之用。

章五十二

天下有始,以为天下母。

无论"始"也好,"母"也好,均为一怀孕的女子形象(《尔雅》释"始":"胎,始也")。"始"与"母"因此是这样的一个时刻,"母"与子将分未分,未分将分,它是一个正在产生分离或分别的时刻。子还在"母"内,还属于"母",但又多于"母",是"母"的零余。我们既可说怀孕的女子是一个,又可以说她多于一个。道与天下或世界的关系也是这样,世界或天下从道中的出生并非是某一实体生出另一实体,并非无中造有,似乎先有道的实体,然后这个实体生出它所不是的世界万物。我们不能以世内事物的关系来看待道与天下的根源关系(生),只有这样,我们才能理解老子既说天下或世界依于道,又说*"万物作焉而不辞"*(章二),*"万物恃之以生而不辞"*(章三十四)①。万物确实依恃于道,以道为始,但道并不因此在时间上先于万物。道在天下,却不是天下,道是天下的先验,当如此理解"始"和"母"。

道之于天下的先验也可以说是道之于天下的纯粹差异,此差异不可还原为天下万物间的任何关系。道与天下的纯粹差异造就了世界的时间和空间性,但任何时间和空间性的差异都不足以表象和思想纯粹差异。纯粹差异无法进入我们日常交流的语义系统或符号秩序,它像是某种幽灵。就此而言,由纯粹差异激发的思想与语言并不同域,有关真的思想在语言内总是溢出、零余。

---

① 章二今本作"不辞",敦煌唐人写本残卷、唐傅奕本、宋范应元本、遂州龙兴观碑均为"不为始",帛书本为:"万物作而弗始也。"王弼注章十七时引为"万物作焉而不为始"。"辞"与"始"通假,"始"为本字。参见高明撰,《帛书老子校注》,页233;陈梦家著,《老子分析》,中华书局,2016,页37。

既得其母,以知其子;既知其子,复守其母,没身不殆。

在"知其白,守其黑"(章二十八)中我们已领略了"知"与"守"在《道德经》里的精义。"母"、"始"并非某种可占有之物,源头之为源头在于它永远不落入语言的断言和陈述。"母"、"始"仅是假名,是纯粹名称,它仅与"知其子"一道展开,它使"子"得以表象却又不为"子"所表象。这里没有我们通常理解的本质与现象、原因与结果的关系。

对于纯粹名称,主体的姿态是"守"。主体卷入纯粹名称,却没有任何知识,既不知为什么也不知什么。在对"母"的无知之知中,"子"("天下")知其为限度,知其为处境之在。"知"作为限度("知其子")与对纯粹名称的"守"("守其母")乃同一个过程。

只有在有纯粹名称的地方,才能"没身不殆"。处境之身避免不了生与死的辩证循环,而处于非领域("母")的身体,却超越了这种生死循环。

塞其兑,闭其门,终身不勤。开其兑,济其事,终身不救。

这句显然是接着上一句说的,"**塞其兑,闭其门**"就是"守",就是"不出"(章四十七),不"生生"(章五十),就是置身于自身之无,就是"无事"、"无为"(章四十八),它的反面即"**开其兑,济其事**"。"守"于自身之无则不操心,不烦劳,所以"**终身不勤**"。劳苦由于心动("仁"),无心动则任自然。自然并非不动,自然之动没有目的,其主体姿态是"不仁"。心动即是欲望:"兑,事欲之所由生;门,事欲之所由从也。"①

见小曰明,守柔曰强。用其光,复归其明,无遗身殃,是为习常。

"小"(《道德经》的其他地方又称之为"微"、"妙")就是道与世界万物的最小差异即纯粹差异,这纯粹差异作为纯粹呈现或澄明是不可见的,"明"就是这种不可见之见,乃德的主体姿态。"明"是慎微、知几。"明"不是世间通过学习而获得和积累的知识,无法进入知识的系统内("塞其兑,闭其门")。"明"与超越性有关,是对超越性的守护,所以是神明。

道与万物存在根本差异,却不可见、不可说,就像子在母内,两者根本不同却又无法分开那样。"柔"是这种没有界线的差异,分而未分的不确定性。最"强"的"守"不是守护确定性,而是守护不确定性,张尔歧解说:"守之而无可守者,柔也。能守此无可守,是曰强。"②

"习常"是真、普遍。真不是我们在阳光下看到的事物或依据阳光下的事物进行的推论。"明"与不明与建立在主客二元对立上的判断无关,而是得道的主体姿态。呈现真的"光"无非是回到自身的"明":"用其光,复归其明"。"明"的

---

① [三国魏]王弼注,楼宇烈校释,《老子道德经注校释》,页143。
② 转引[清]魏源著,黄曙辉点校,《老子本义》,页107。

过程即真的过程,没有任何与外在者在认识论上的符合问题,不会发生任何损耗("无遗身殃"),如河上公注说:"内视存神,不为漏失。"①

章五十三

使我介然有知,行于大道,唯施是畏。大道甚夷,而人好径。朝甚除,田甚芜,仓甚虚。服文彩,带利剑,厌饮食,财货有余,是谓盗夸。非道也哉。

殷敬顺《列子释文》注"介":"介,微也。"再次把"知"与微、几关联,"知"即知微、知几,这是得道者的"知"。知微知几与人占有或掌握真相无关,与某种断言性陈述无关,知微知几是慎微,是"畏"。既有"知"却又无法掌控和占有的主体姿态,就是"畏",就是慎,这让人想到《道德经》章十五上说的:"夫唯不可识,故强为之容。豫焉若冬涉川,犹兮若畏四邻,俨兮其若客,涣兮若冰之将释,敦兮其若朴,旷兮其若谷,混兮其若浊。"

"施"即歧路,歧路与"大道"间没有可见的界线,两者间的分别无法上升为某种判断,对无法判断的分别的呈现正是"畏"。如果有人问,不可见的、非断言的"道"如何呈现自身?

---

① [汉]河上公注、[三国魏]王弼注、[汉]严遵指归,刘思禾校点,《老子》,页129。

回答是"畏"、慎。是"畏"、慎把不可见者,把与世界万物存在根本差异的"道"呈现出来。纯粹差异,纯粹呈现关联于得道的主体姿态,关联于修道、修真。

人们一般将"夷"释为平坦,容易,如河上公注说:"夷,平易也。"其实,既然这里说到了"畏",那么我们更有理由把此"夷"与章十四的"夷"联系起来("视之不见名曰夷,听之不闻名曰希,搏之不得名曰微")。句首的"介",上一章的"小",与此处的"夷"一律。向着"道"的道路一定不是一条平坦的路,"道"不在道路的尽头,它就在寻找者的脚下,在他不停息的行中。对"道"的寻找没有捷径可言。

得道者"畏"、慎微,他无所得,因此"不失德"。失道者所以会匮乏,乃因他们"见可欲",以满足欲望为得。"道"之"盗",在于人们追求感官欲望及其满足,在满足欲望的过程中,"道"之"微"、"小"不复真实("非道也哉")。

章五十四

善建者不拔,善抱者不脱。子孙以祭祀不辍。修之于身,其德乃真;修之于家,其德乃余;修之于乡,其德乃长;修之于邦,其德乃丰;修之于天下,其德乃普。故以身观身,以家观家,以乡观乡,以邦观邦,以天下观天下。吾何以知天下然哉?以此。

"善建者"、"善抱者"依于道,立于非领域,立于"无死地",建如同不建,抱如同不抱,故能"不拔"、"不脱"("为者败之,执者失之")。"祭祀"乃善继,"子孙"得以"不辍",不是因继承家产,而是由于他们通过"祭祀"联合了非领域。

以不得为"德",以之建立主体姿态("修之于身"),这是真理发生的过程和场所:"圣人惟修其一身之德,则足于内者无所假于外,故真也。"① "德"作为"无"的非辩证的肯定,作为纯粹肯定,总是自身的溢出,多中之多("余"、"长"、"丰")。"普"不是某种世内事物间的共通性、概括性,而是事物自身的不可能性即其开放性或超越性,事物的真正平等与其在世界内的内容无关,而与它们的超越性或开放性相关。在这种平等之"普"中,在开放性的平等中,所有的"观"都是观一,"观身"、"观家"、"观邦"、"观天下"都是观一,正所谓"不出户,知天下;不窥牖,见天道"(章四十七)。

章五十五

含德之厚,比于赤子。毒虫不螫,猛兽不据,攫鸟不搏。骨弱筋柔而握固,未知牝牡之合而朘作,精之至也。终日号而不嗄,和之至也。

"德"作为道的德就是不得,是一致性(身份)自身的不可

---

① [清]魏源著,黄曙辉点校,《老子本义》,页111。

能性。"德"不仅是自身性的失去,同时又是失去的自身。这种失去的自身总是一种更多、溢出。"德"不能得到、拥有,只能围绕、伴随,只能守、"含"("*含德之厚*")。"德"就是守、"含"的主体姿态。

"德"作为自身的不可能性,作为不可能性的自身是没有自身的,换句话说,它没有表达自身的立场或角度,没有表达自身的语言。它及物却不在事物中,不与任何事物混同,它在事物中却又完全是超越的,是超越本身。物物或化物而非物,这就是"德"的"若"("*上德若水*")、"比于"("*比于赤子*")。

"赤子"即婴儿,初生的婴儿还没有意识的自我立场,还没有关于目的的知识,他活动却不问为什么,他的活动与他的实在还没有分离。实在与对象性知识,实在与活动的因果关系是后来逐渐形成的,那是一个成人的世界,在这样的世界中,人不但活动着,而且他知道他在活动,他不但知道,而且他知道自己知道。在婴儿的生活世界里,名词与动词还没有分开,那是一个纯粹能指的世界,还不分出内与外、事物与意义、器物与用途。婴儿的世界是游戏的世界,游戏中的物还不是任何器物,它还没有什么用处。在游戏中,与其说婴儿是在玩某一物件,还不如说他在玩"感觉",这感觉没有任何目的性,没有任何所指。没有目的的感觉是原初的充溢,没有对匮乏的知识,直接就是快乐。婴儿由于没有自我的意识立场,他的快乐具有天使般的特征。即使到了童年,天使般的存在依然在某种程度上保存着,他们的快乐总伴随着各种精灵、魔力、不可言传的神奇之物。在逐渐成年的过程中,自我意识的立场慢慢变得牢固起来,日常的意识形态排斥着这些没有目的性、没有所指物的感觉。不得之"德"于是变成了居于自我立场的,通过自己的努力(善工)实现的积累性道德。

在不自知的"赤子"面前,世界还没有表现为一个有用的器具世界,还没有变成我们日常道德理解的美与丑、善与恶对立的世界,"赤子"的生活超乎善恶,还不知毒与不毒,凶与不凶之分,所以"**毒虫不螫,猛兽不据,攫鸟不搏**"。

"**骨弱筋柔而握固**"并非指"赤子"的有力,相反是指婴儿因其无知无力而泰然任之的境界,在"赤子"彻底的开放中,无物能自外于他,放开的境界容纳一切。这就是不得之"德",是老子在章十说的"专气致柔,能婴儿乎"的"专气"、元气。元气既不是内在的,也不是外在的,它是不再区分内外的不可确定性。"弱"与"柔"在老子那里指的就是"阴",即不可确定性。

"朘作"意为生殖器的勃起。"赤子"不自知地,任其自然地活动着,没有目的,没有意向性,不见可欲之物,"**未知牝牡之合而朘作**",这就是无为。成年后,"朘作"与某种"知",与某种想象关联起来,人可以在欲望中操作、复制这种"朘作",这是人为。"精"必须出于自然,是自然的保守,而非人为的制作。"精之至也"的"赤子"表明,"精"不是某种意识性的精神,不是某种意识性的集中和汇聚,而是自我意识或中心的不可能性:"今夫赤子,不知所取而握固,不知所与而朘作,则精也。"①

"号"、"嗄"、"和"都与口有关,与声音有关。"和"是一种声音,这种声音并不传达发声者的任何意图,并不指向任何外物,它是一种自身指涉的声音:和声。和声是声音与声音之间的差异,这种差异其实正是声音本身。声音只与声音有关,声音感知到自身的差异,这种对差异的感知不经过主动的心智,或许正相反,心智不过就是自身感知着的差异。和声不是日常语义学上的声音,不是向别人传递意图的工具,源自和声的一致性或整体性不同于源自语义的一致性或整体性,语义的一致性或整体性关联着欲望性的主观存在,一个总已将意图与声音符号联结起来的主观存在,而和声的一致性或整体性发生在这种欲望的主观之先。和声的一致性或整体性不是别的,就是声音之间互相寻找这种一致性或整体性的过程。

"赤子"的号叫就是这样一种与心智作用无关的自身感知,他的号叫是自身指涉的,他已在自己内获得了回应,而不必绕道一个对他而言外在的、具有反射特征的(文化的或心理的)世界。"赤子"感知声音的最小差异,这种感知给他带来快感,在他失去赤子之心即成人后,这种差异便成了语义学的基础,从那时起,声音就成了一种语言符号,担负起传达意

---

① [宋]吕惠卿著,张钰翰点校,《老子吕惠卿注》,页61。

图的作用。但在音乐中,声音作为自身指涉即和音仍然残存下来。作为表达欲望主观意图的声音,即语义的声音,它总要经过一个对他而言外在的、具有反射特征的(文化的或心理的)世界,因此总有了挫败、损伤、流失,而心智未萌的"赤子",则"终日号而不嗄"。

知和曰常,知常曰明,益生曰祥,心使气曰强。物壮则老,谓之不道,不道早已。

"和"、"常"不可见于主客二分的世界,是非处境,既不可加也无以加,既不可减也无以减。"和"、"常"是纯粹形式,与所有内容或度量性匮乏无关,它们是无"心"的:"动不知所为,行不知所之。"① 一旦有"心",就意味着处境的到来,意味着内容和度量的到来,意味着匮乏。"益生",使"生"变成某种可增益的东西,已经意味着"生"失去了它的"和"和"常",这就有祸了。"心使气"将使"赤子"的元气不保。"心"意味着立场、观点、自我意识,意味着自己把自己当作对象,自己把自己当作器物:"心使气曰强。"

越是在一个文化或心理的世界中("心")确定自身的身份和意义,越是在这个世界中获得地位和成就,就越远离柔弱之道,越使自己变得僵硬,易受伤害:"物壮则老,谓之不道,不道早已。"

---

① [宋]吕惠卿著,张钰翰点校,《老子吕惠卿注》,页61。

章五十六

知者不言,言者不知。

　　对道的"知"不是有关某物的信息或密码,似乎可以把它转化为某种心灵的观念,再把些观念传达给他人。"知者不言"在于,"知"不是介于主客之间的某种中介性实在,"知"就是实在本身,就是行。赤子的情形就是这样,他的"知"不过就是他的活动。赤子活动着却不自知活动,对于他来说,并没有这种活动与那种活动的区别。意识的秘密(这也是精神和精神病的秘密)在于,人不但知着,而且他知道自己知着,这是意识的反身性。

　　"言"总是在处境内的言说,对处境的言说。"言者"总已经有了世界,有了立场,有了心。非处境非领域的道自然不为这种"言"正确地言说,道在世界之言中不可见、不可辨、不可传。能够关涉于道的,是不可言传的"知",是守。

塞其兑、闭其门,挫其锐,解其纷,和其光,同其尘,是谓玄同。故不可得而亲,不可得而疏;不可得而利,不可得而害;不可得而贵,不可得而贱,故为天下贵。

　　在作为处境的世界内,事物总是通过某种中介而与他物联系着,它与周围事物总处于利害、纠缠、分别的关系。处境中的事物一旦跃入到非处境的道内,就成了自然之物,自然之物是这样的存在：

一、它不再作为周围世界的部分存在，而是作为不再受某种整体控制的独一存在，是排除了内在与外在二元对立的纯粹内在性（"塞其兑，闭其门"）。这是一种不与外在性产生二元对立的内在性，是独一无对的因此不可计算的单子（莱布尼兹）；

二、自然之物作为独一无对的内在性与任何利害关系无关，与世无争。自然之物既没有用处，也不被利用（"挫其锐，解其纷"）；

三、自然之物无身外之物，不会产生比较与分别之心（"和其光，同其尘"）；

四、在整体与部分的关系之外，自然之物的独一无对性就是它的普遍性："是谓混同。"在非处境的境界中，事物既是独一无对的，同时又是普遍的，独一与普遍是同一回事，其中没有任何中介的作用。

五、纯粹的内在性亦即主体姿态（德）是普遍性或大公性的安身之所："不出户，知天下；不窥牖，见天道。"内与外的分辨和界线由位置确立，当身体被确立为具有视角的身体，当身体被确立为与心灵相对，"天道"就不再可见，不再作为纯粹呈现。

自然之物与主体姿态（"德"）相应，德是不可得。如果可以"亲"、可以"疏"、可以"利"、可以"害"、可以"贵"、可以"贱"，那一定是处境之物、世界之物，是具有度量的事物。自然之物乃纯粹呈现,没有用度,在世界中既不可见,也不可占有("不可得"):"故不可得而亲,不可得而疏;不可得而利,不可得而害;不可得而贵,不可得而贱。"无用者才是值得可贵的。由此可见老子思想逻辑的一斑,凡与"贱"存在相对关系、辩证关系的"贵",并非真正的可贵,就像"善"与"不善"、"美"与"不美"那种辩证相对的关系那样。真正的可贵、可善、可美须超越这种二元对立。可贵、可善、可美是非处境的,非领域的,超世界性的。那是一个存而不论,有而如无的境界。

章五十七

以正治国,以奇用兵,以无事取天下。

"正"与"奇"反,"正"是常态,"奇"是反常,是例外状态。"治国"就是使国家处于常态,处于法律常规的治理下。国家维护和保障的正是人在世界中的平常存在,没有国家及其治理,人的生存就失去他的常态。战争使国家无法保持常态,而处于例外状态,法律常态性治理不再可能,这时候一切都是变化着的,人须随机应变。"治国"追求标准、常态化,"用兵"强调机动、出其不意:"正者,所以常且久也。……奇者,应一时之变者也。"①

---

① [宋]吕惠卿著,张钰翰点校,《老子吕惠卿注》,页63。

无论是"*以正治国*",还是"*以奇用兵*",都是有事,"取天下"却不能这样,如吴澄注解:"以正治国者,法制禁令正其不正,管、商是也;以奇用兵者,诡而不正,孙、吴是也。奇者仅能用兵而不能治国,正者但知治国而不可取天下。"① 老子在这里让我们看到,人的生存可有三种样态。一是在"国"的层面,人们处于常态化的生存中,处于日常的和平生活中,一是在"兵"的层面,人们无法像日常那样生活,他们处于一种法律道德文化都失效的状态,一是在"天下"的层面,人的生命超越了正常与无常的非此即彼,人的生命进入一种普遍大公的姿态中。

大公之人悬置了臣民、敌人这些处境化的身份,变成了一个没有任何具体位置的人。对臣民,须"以正",对敌人,须以"奇",对没有位置的人,即大公之人,须"无事"。人之为人即大公之人没有具体位置,把人置入任何具体的位置,如臣民、敌人、农民、工人、老板、快递小哥、善人、恶人、无产者、资本家,等等,都没能耗尽人之为人,在人的这些具体身份之下,仍有人之为人的溢出、零余。如何使人存留于人之为人,使人保持他的大公性,老子的回答是"*以无事取天下*"。只有保持"无事"的普遍性,处于具体位置的人,不管他是谁,从事什么,才使自身回到纯粹的可能性内。人的生存性悖论在于,一方面,人须在具体的位置或身份内发现自

---

① 转引[清]魏源著,黄曙辉点校,《老子本义》,页118。

身的可能性或纯粹潜能,进言之,自身的可能性或纯粹潜能的发现依赖于某种放弃、牺牲,另一方面,人所处的具体位置或拥有的身份无法穷尽他作为大公之人的秘密。人总是多于他的家族性、社会性、国家性乃至世界性在场,也就是说,人作为家族或社团的成员,作为国家的公民,甚至作为国际公民都不足以真正抵达人的秘密。人的真相不可能是某种仅仅出于历史或地域的规定,人是深渊、空洞及其相关的大公性、普遍性,所以须以"无事"取之、守之、养之。与人本主义的想法不同,并非先有一种关于人的定义,然后去保存和维持它。只有在"无事"、"无为"中,在非处境的境界中,人才能在进入世界、社会、国家之时仍不失其真,仍有与真相遇的机会。

使徒保罗正是在这种无位置的经验中,提出了人的大公性问题:"不再分犹太人或希腊人,奴隶或自由人,男人或女人,因为你们众生在基督耶稣内已成了一个。"(《迦拉达书》3:28)保罗曾自认是一个传统意义上的犹太人,他在皈依前的行动见证了这点(参《迦拉达书》1:13—15),但基督耶稣的复活事件深深地触动了他(参《宗徒大事录》9),使他失去了原先以为安全的位置,跌倒在地,失去了视觉,变成了一个恍惚的主体:"三天的工夫看不见,也不吃,也不喝。"(9:9)由失去位置而来的大公性是基督徒的实在,就此而言,并不存在什么属于基督徒的专属位置,基督徒在世界内的身份就是他不断地失去身份的过程,也就是说,基督徒的实在同样得以"无事"、"无为"来存养。

吾何以知其然哉？以此。天下多忌讳,而民弥贫；民多利器,国家滋昏；人多伎巧,奇物滋起；法令滋彰,盗贼多有。故圣人云,我无为而民自化,我好静而民自正,我无事而民自富,我无欲而民自朴。

老子接着以下列事项说明"*以无事取天下*"。可以这样说,所有针对问题的结构而形成的解决方案和策略,并不能摆脱这些结构性的问题,因为解决问题的逻辑与问题的逻辑本身乃同一逻辑。以"*法令滋彰,盗贼多有*"为例。身份(处境)的确立与禁律有关,所有的身份都包含着禁律。使徒保罗使这一关系激进化,他指出,没有律令的地方,就没有触犯,没有触犯,罪恶就不能现身(《罗马书》4:15:"哪里没有法律,哪里就没有违犯")。只有在禁令发生以后,人们才产生违犯它的欲望,似乎禁令的确立,就是为了引起过犯(5:20:"法律本是后加的,是为增多过犯"),这不正解释了"*法令滋彰,盗贼多有*"吗？以此观之,"*天下多忌讳,而民弥贫*"的"贫"在其他版本中作"叛",是有道理的。

如果圣人是立法者,那么他们可用的法宝不是典章制度,他们的使命不是去建立各种各样的法律制度并教导百姓用这些法律制度来维护自身利益,而是培育一种"无为"、"好静"、"无事"、"无欲"的生活方式,他们必须让百姓认识并相信,如此生活真实可信,值得追求。只有在这种"无为"、"好静"、

"无事"、"无欲"的生活中,人才保守着他的可能性或纯粹潜能。圣人必须树立这样的一种身位,以表明非身份的生命政治是可能的。若这种政治能在圣人生活那里呈现出来,百姓必可"自化"、"自正"、"自富"、"自朴"。

现代社会还有老子说的圣人和圣人生活吗?在现代人那里,似乎只剩下两种时间:或者"时间就是效率","时间就是金钱";或者时间就是无聊。无聊时间是效率时间的反面,并非是"无为"、"好静"、"无事"、"无欲"。"无事"时间超越无聊时间与效率时间的非此即彼。当时间或者被视为能够产生依托于原材料的商品价值,或者被视为与这种价值的生产无关的无聊时,人失落了自身的可能性或纯粹潜能,这种可能,或者更好地说,不可能的潜能就是"无为"、"无事"。就此而言,现代社会是一个去圣人化的社会,取而代之的是那些拥有专业知识的立法者。

章五十八

其政闷闷,其民淳淳;其政察察,其民缺缺。祸兮福之所倚,福兮祸之所伏。孰知其极?其无正?正复为奇,善复为妖。人之迷,其日固久。

国家的政治生活越活跃,干涉越多,百姓就会忙于应对而失去他们的清静,难以过上朴实的生活。国家的法律越是名目杂多,不厌其"繁",百姓的头脑就会越复杂,各种取巧的手法就会层出不穷。"**其政闷闷,其民淳淳;其政察察,其民缺缺**"所表达的意思与"**法令滋彰,盗贼多有**"一样。

世间的政治乃处境政治,它生活在限度与问题当中,为了解决与它一同出现以及它借之存在的问题,政治要进行清晰的划分,进行界定、命名。但政治的划分永远是处境性的、暂时的,因此具有时代性。政治以不可避免的压抑或暴力重构问题,它以移动问题的界线而使问题获得某种推迟,而不是消除问题,那样的话政治就不再存在了。世间政治的划分从来不能是清白的划分,就像"祸"与"福"的关系,它们从来没有泾渭分明的界线:"**孰知其极?**""祸"的自身无非是它与非祸,即"福"之间的差异,同样,"福"的自身无非是它与非福,即"祸"之间的差异。将"祸"与"福"分离开来的缝隙并不在可见的世界内,政治的划分仅是替代,以便建立一种政治性的、为了人的在世生存。

"正"与"奇"、"善"与"妖"也是如此。仅以处境地建立起来的视野来看待处境之物,以限度视野看待限度之物,并不能使人真正回到非处境的自然,这就是"**人之迷**"。

是以圣人方而不割,廉而不刿,直而不肆,光而不耀。

还有一种政治,不妨称之为圣人政治或无为政治。圣人认识到,有关现实事物的常识已然是一种限度性的,因此是相对的知识,不可避免地包含着迷思。圣人不认为自己能够以下断言的方式,以立法的方式给出"是"与"非"、"有"与

"无"、"方"与"圆"、"利"与"害"、"直"与"曲"、"光"与"暗"的确切界线。圣人"知其白,守其黑","知其雄,守其雌"(章二十八),"知无"(章四十三),他们克制自己的判断,保持最大的慎重,以便守望那最小的差异,与"微"、"妙"、"玄同"为伍:"是以圣人方而不割,廉而不刿,直而不肆,光而不耀。"圣人不判断,并非他不在真相内,而是他就在真相内。他清楚真相与幻象根本不同却又不能分开,他不能告诉大众这是真的,那是假的。圣人只能以主体姿态即德来启示真的过程,真的足迹。圣人相信,"是"一定不是那个与"非"相对的那个"是","是"无一处是又无所不是,与此对应的就是不得之德,就是无为、无事。除非端正主体,否则与真无关。

章五十九

治人事天莫若啬。夫唯啬,是谓早服。早服谓之重积德,重积德则无不克,无不克则莫知其极,莫知其极,可以有国。有国之母,可以长久。是谓深根固柢,长生久视之道。

这章讲修身、修真。真在于主体姿态,在于主体化的过程。修身("治人")与"事天"分不开,修真修的是天真,"事天"无非是保持天真。

"啬"即存养不漏、存养不泄。修真之道以存养为要,如孟子所言:"存其心,养其性,所以事天也。"(《尽心》)真是什么？真就是圣人所存养、所保守的无："治人事天莫若啬。"无既不与处境（世界）有对，也不是世界意义上的空无或乌有。无的独一无二的肯定性（超越了限度的肯定性，非断言的肯定性）示现于圣人的存养，关联圣人的畏、慎、慎微。无的独一无二的肯定性乃命，命与圣人存养相关，它的场所是圣人身位。《道德经》把真定位在圣人身位即命上。可以把真看作圣人（修身者）的签名，书写若涉及真，在于圣人的签名（德）。圣人在修身存养中虚一而静："*夫物芸芸，各复归其根。归根曰静，是谓复命。*"（章十六）

"服"即"复"，①就是"复命"、"归根"。无的存养，或者说存养之无就是德。德乃不得之德，德不可积，"积德"就是积不可积，得不可得，就是放下一切，就是绝对的开放。在德内没有任何否定性，没有任何边界。德不是任何现实之物，德在现实域内，又不为任何现实物限制、定义，这就是德的"无极"："重积德则无不克，无不克则莫知其极。"以"无极"的方式，德成了无可化约的和独一无二的肯定性，这里的"国"乃纯粹肯定性，没有边界，是非领域、非领土性的，具有大公性和普遍性："莫知其极，可以有国。"这种肯定性，就是吕惠卿说的"大物"："有大物者不可以物，物而不物，故能物物。莫知其极，则不物而能物物者也。"②纯粹肯定性或无之大公性不能从现实之物中归纳出来，与现实之物的属性无关。这是一

---

① 参俞樾注解，见高明撰，《帛书老子校注》，页115。
② [宋]吕惠卿著，张钰翰点校，《老子吕惠卿注》，页67。

个悖论,一方面修身仰赖纯粹肯定,一方面纯粹肯定在修身中才为真。

这里的"长久"就是常,与时间的长短无关。德开辟出来的国度没有否定性,没有可朽性,不会导致消耗和消灭。时间和空间不再是划分死亡与生命的可信依据,位置在世界内发生,却与世界无关,那是无的位置,"国"就在这位置上:"**有国之母,可以长久。是谓深根固柢,长生久视之道。**"凡是有位置的,都无法"深根固柢",凡是归属时空的,都无法"长生久视"。

章六十

治大国若烹小鲜。以道莅天下,其鬼不神。非其鬼不神,其神不伤人;非其神不伤人,圣人亦不伤人。夫两不相伤,故德交归焉。

"烹小鲜"需要克制自己,避免作为,否则小鱼就会烂在锅里。治国须尽量使国家权力更少介入,使生活在国中的百姓甚至感觉不到国的存在,他们悠然自得,十分享受"*小国寡民*"(章八十)的近乎自然的状态,这是老子提倡的为政之道:"*治大国若烹小鲜。*"

"*以道莅天下*"则"天下"大公,不再有内外之分(事物的独一无二性即其大公性),没有什么外在的侵犯会以突然的方式伤害内在性。"*以道莅天下*",则人人皆赤子,动物不伤

（见章五十五），鬼怪不伤。当事物的独一无二性即为大公性时，就不再有意外，不再有例外，一切平等，一切自然而然。所有伤害皆与边界有关，边界越清，伤害就越多越深。"以道莅天下"，人与鬼神那条由世界现实构建起来的边界必被悬置，人、动物、鬼、神的真相不再是他们在世界内的属性，他们从自己的世界性定义中退出，从人本主义常识中退出，一同进入不确定性中，一如王弼所注："神无所加，则不知神之为神也。"① 又如孔子言"敬鬼神而远之"。圣人守无，守不得之德，何伤之有："夫两不相伤，故德交归焉。"

章六十一

大国者下流。天下之交，天下之牝。牝常以静胜牡，以静为下。故大国以下小国，则取小国；小国以下大国，则取大国。故或下以取，或下而取。大国不过欲兼畜人，小国不过欲入事人，夫两者各得所欲，大者宜为下。

"大国"要普及于各国，要成就"天下"、普遍、大公（"兼畜"），不可用武力攻取和控制，而要以"下"，以"静"（"以静为下"）。"大国"若"无为"、"无事"、"静"，无力"取大国"的"小国"才会放下防范的心态，也进入"静"的状态中。在"下"的姿态下，"天下"虽有"国"与"国"之分，虽有"大国"与

---

① ［三国魏］王弼注，楼宇烈校释，《老子道德经注校释》，页162。

"小国"之分,但皆处于平等的状态中。

"大国以下"可成"天下","小国以下"则不能成"天下",自保而已。在定"天下"方面,"大国"与"小国"是不同的,但一旦"天下"立定,"小国"与"大国"并无分别。

普遍性属阴:"*天下之牝*"。通过强力("牡")取得的疆土形成不了"天下",即使全世界归于一国,只有一种立法权力。属阳的法律强调连续性,建立在填平缝隙的想象上。阴则选择以缝隙为自身的位置,选择中断和非位置。阴站在无的位置上("静"、"下"、"无为"、"无事"),但它却是普遍、大公。阴能够看见和包含阳,阳却不能看见和包含阴,如果阳是三维空间,那么阴就是四维空间:"*牝常以静胜牡*"。阳对阴的控制假象(在阳的世界中被称为理性)不过是阴"谋",是阴自身无法言传的、不自知的明。

章六十二

道者万物之奥,善人之宝,不善人之所保。美言可以市,尊行可以加人。人之不善,何弃之有。故立天子,置三公,虽有拱璧以先驷马,不如坐进此道。古之所以贵此道者何? 不曰以求得,有罪以免邪? 故为天下贵。

"奥"深不可测,不是具有相对意义的更深,而是深本身。深本身乃非处境,无位置之谓。"*道者万物之奥*"是说,"道"在"万物"当中,却不在"万物"的任何位置上。"道"不在"万物"中现象,"万物"见不到"道",只能信守此"道"。

"道"藏"万物"却不为"万物"所知。"道"属阴,"万物"属阳,"道"可以生育和包含"万物",但它"衣养万物而不为主"(章三十四),"生而不有,为而不恃,长而不宰"(章五十一)。"道"藏"万物",乃因"道"把自身也藏了起来,从不出现在万物的处境内。在"道"那里,藏"万物"与藏自身是同一回事,"道"若不把自身藏起来,返回自身之无,处于非位置,就不能包含和"衣养万物"。这就是我们说过的,"道"以其不及物普及"万物",以其不相关关涉"万物"。我们又把"道"与"万物"的这种悖论关系称为最小差异或纯粹差异,保守这种差异的不是属阳的我们的日常言说,而唯有属阴的思想方可。

"善人"并不能把"道"作为某种财富、宝贝而持有它,他通过存养而与之相关,"善"是"道莅天下"的存养。"善"设定了存养,存养又设定了"善"。"道"本无,不可占取,"道"之于"不善人"因此并非无物。"善人"与"不善人"之间的区别仅在于,"善人"把清静无为之"道"当真,而"不善人"却将之当假。"善人"以自己的存养生活于"道"的"若"内,而"不善人"把"道"的"若"、"恍惚"当假,然而,如果"道"不是"若"、"恍惚"本身,"不善人"连假装、当假也不可能,这就是"道"在"善人"和"不善人"那里的悖论:"*善人之宝,不善人之所保。*"两者之间的区别还表明:"善人"邻近于"道",而"不善人"邻近于"善人"。由于有"善","不善"就仍被保存着,永远保存着向善的可能机会:"*人之不善,何弃之有。*"

"衣养万物而不为主","道"不在于"言",而在于修行("行")。"言"再好,它的意义也仅在于交流,犹如某种拥有交换价值的器物("市"),只有"行"方可进抵生命的堂奥。

"立天子,置三公"为扬善防恶,前提是,政制的根本目的不是增进可见的财富,不是积累奢侈品,而是倡明在世人看来无用的"道"。

"道"不可得,可得者非"道"。古人贵"道",虽不求得"道",虽只风闻"道"的名称而贵之,亦可免过。

章六十三

为无为,事无事,味无味。大小多少,报怨以德。图难于其易,为大于其细。天下难事必作于易,天下大事必作于细,是以圣人终不为大,故能成其大。夫轻诺必寡信,多易必多难,是以圣人犹难之,故终无难矣。

"无为"可"为","无事"可"事","无味"可"味"。"无为"并不是说什么不做,以什么不做理解"无为"同样是迷执。"无为"并不是在做与不做的对立中站在不做一边,它超越做与不做的非此即彼。

"无为"没有对待或对立之物,它独一无二,"无为"就是非对称本身:"*报怨以德*"。真相不在于对称和平衡,却是对称和平衡的不可能性。这是非领域,在非领域中,"大小多少"说的是,"大"即是"小","多"即是"少"。在世界内,

"大"、"小"、"多"、"少"是有尺度的,拥有自己的位置,但到了"德"那里,尺度和位置都不再可能,那里的审判与世界的审判不可同日而语。

"易"、"小"近乎"无事"。从"易"、"小"开始,是放下比较的心态,这样才能"事无事"。这是圣人的主体姿态。没了比较心,自然没有了什么"易",什么"难"的了("故终无难矣")。

章六十四

其安易持,其未兆易谋,其脆易泮,其微易散。为之于未有,治之于未乱。合抱之木,生于毫末;九层之台,起于累土;千里之行,始于足下。为者败之,执者失之。是以圣人无为,故无败;无执,故无失。民之从事,常于几成而败之。慎终如始,则无败事。是以圣人欲不欲,不贵难得之货。学不学,复众生之所过。以辅万物之自然,而不敢为。

"其安易持,其未兆易谋,其脆易泮,其微易散。"王弼注说:"皆说慎终也,不可以无之故而不持,不可以微之故而弗散也。"①慎就是守护那道难以发现、不可见的缝隙,就是知"安"守危,就是从"未兆"、"脆"、"微"、"未有"、"未乱"着

---

① [三国魏]王弼注,楼宇烈校释,《老子道德经注校释》,页170。

眼,守护事物自身的那个最小差异,将事物自身或整体的不可能性纳入视野。

"无"以不可见的缝隙贯穿事物,可见的是事物的变化效果,但变化之所以为变化的最小差异,即不可见的缝隙始终不可见,始终不进入语言的表达内。这与量变或量变导致质变的问题无关,不可见的缝隙本身就是生长、增生,就是"生生之谓易"的那"生生"。围绕永远不可见、永远不变的最小差异,事物无不在运动、变化:"**合抱之木,生于毫末;九层之台,起于累土;千里之行,始于足下。**"人生活在事物变化的效果中,却不能进入不可见的缝隙,那是一个非人的位置,面对这一位置,主体姿态是无执:"**为者败之,执者失之。是以圣人无为,故无败;无执,故无失。**"

众生("民")企图把握变化现象的本相,欲通过知识程序来控制它和占有它,把它陈述为规律。但规律并非真相,仍为幻象。圣人则穿越幻象,以无执、无为的方式伴随它、围绕它、守护它。在此过程当中,圣人并不以为自己掌握了真相,而是相信了真相,以之为真,并像掌握真相那样去行动。圣人懂得,真相是无限,是不能被掌握的。真相在主体的"无为"、不执中,在主体的自我放开中。

"欲"有两种,一种可以暂时获得满足,它关联着某一可见的对象物或目标,这种欲望源自心与物的对立,心永远依赖于某种外在性,永远处于匮乏,永远处于短暂满足与不满足的恶性循环中。还有一种"欲",它关联着无用性,是非对象性的,这种欲望所欲望的不是其他,正是不欲望,这就是圣人之"欲"。圣人的欲望就是生命本身,就是自然本身。自然生命不是与外在物相对而立的某种内在性,它在自身内,在自身之无内,与满足或不满足的非此即彼无关,生命本寂,"**是以圣人欲不欲,不贵难得之货**"。

"学"如果与真相相关,就不可能是任何一种知识性内容。真相并不在学习的任何收获中,与我们平常说的掌握无关。真相在学习的过程中,这种学习当然就是圣人的存养。圣人的学习不是要把握真相的整体,而是要保守真相整体的不可能性,这是圣人的存养或修身。圣人信以为真,尽管他对作为内容的真相一无所知,甚至连自己也一无所知,无知的圣人把自身的确定性建立在不确定性上,把自身的知识建立在无知上。于是,无知成了圣人之知,不确定成了圣人的确定。

"众生"之学就是学科之学,学科之学以分割的方式形成自己的对象物,这种分割导致了对"自然"的遗忘。学科之学越清晰越固执地以分析和观察的方式描述"自然",越宣称自己是经验的或实验的,就越遗忘了"自然"。在学科之学中,"自然"变成一堆必然性和连续性的结构,一张仅为人存在、为人控制的事物网络。"自然"恰恰不是在人立场上的必然性和连续性,而是纯粹偶然性。"自然"抵抗着人的立场,抵抗着人单向的主动作为,所以圣人"**以辅万物之自然,而不敢为**"。

章六十五

古之善为道者，非以明民，将以愚之。民之难治，以其智多。故以智治国，国之贼；不以智治国，国之福。知此两者，亦稽式。常知稽式，是谓玄德。玄德深矣，远矣，与物反矣，然后乃至大顺。

这里所说的"愚"与愚民政策毫无关系，其意与章十九、章二十相通，无非是"绝圣弃智"、"见素抱朴"（章十九）之属。老子也说自己"我愚人心也哉，沌沌兮。俗人昭昭，我独昏昏。俗人察察，我独闷闷"（章二十）。显然，这里的"愚"反对的是工于心计，是追求成功的机智。"智"或许能较好地解决人的生存问题，它给人以应对环境、支配环境的能力，由"智"推导出来的现代世界，看来也比任何世代都更舒适，更适合生存。但老子更关心的是人的欲望，在他看来，"智"不但无法安顿人的欲望，相反还激发了更多的欲望。重商主义和资本主义与科学主义同时开展，它们互相依赖的历史事实很好地说明了这点。

由于欲望和利益，国与国间处于竞争关系，国家要生存避免不了"*以智治国*"，以科技创新提升综合国力。在现代文化价值下，无论是国内政治还是国际政治，早已设定了欲望、利益的合法性、自明性。若不回到欲望，若认识不到欲望的问题比生存的问题更尖锐，解决死的问题（永恒的问题）比生的问题(快乐的问题)更根本,政治的现代理性基石就难以翻转。这个难题并非现代才有,在《道德经》的时代已然:"**故以智治国,国之贼;不以智治国,国之福。**"

个人返归自然或许不难,但要求国家"**不以智治国**",十分难行,但以此为理想("**稽式**"),虽不能实现却存而念之,以保存进"德"和"大顺"的希望。

章六十六

江海之所以能为百谷王者,以其善下之,故能为百谷王。是以圣人欲上民,必以言下之;欲先民,必以身后之。是以圣人处上而民不重,处前而民不害,是以天下乐推而不厌。以其不争,故天下莫能与之争。

"江海"让万物汇流于自身,将一切包含于自身内,乃在于它的"善下",在于"江海"回到自身之无中,完全开放自己,放下自己,成为非处境的不可测度的深渊。

圣人若要让"民"归于自己的教化,与自己一道归于自然,就要空虚自己。圣人若不隐入自然,变得不可见、不可知,而是以一个高大形象出现在众生前,反而遮蔽了自然,挡住了百姓回归自然的路。圣人教化民众,民众却不自知,使民众觉得是自化而非他化。这是圣人"以其不争"庇护天下万民的道理。

章六十七

天下皆谓我道大,似不肖。夫唯大,故似不肖。若肖,久矣其细也夫。我有三宝,持而保之:一曰慈,二曰俭,三曰不敢为天下先。慈,故能勇;俭,故能广;不敢为天下先,故能成器长。今舍慈且勇,舍俭且广,舍后且先,死矣!夫慈,以战则胜,以守则固。天将救之,以慈卫之。

"道"无内无外,没有与它并立的比较物,"道"独一无二,因此在比较的意义上说"道大"并没有说着"道"。任何处境中的事物,任何可比较的事物,都不可谓"大":"盖万物若非道也,则道外无物矣。道外无物,则无所肖者,此其所以为大也。"①

如此独一无二的、非形象的"道","我"即使得着悟了,也无法描述它、书写它、传授它。与"道"在一起见证它在场的是德,是"我"的主体姿态。这种主体姿态激发出"我"的三种生活态度("三宝"):"慈"、"俭"、"不敢为天下先"。

这三种生活态度共享一种我们可以称之为减法(阴)的思想形式:成就不是先树立目标,然后朝向目标勇往直前,不断接近直到最终拥有它,而是退缩本身。在这里,我们再

---

① [宋]吕惠卿著,张钰翰点校,《老子吕惠卿注》,页78。

次回到了德乃不得,不得之德的真相。最根本的退缩是从整个现实世界中退出,从处境中退出,从时空的因果律中退出,但这如何可能?我们要说,退缩类似一种革命行为,旧世界的既定标准及底线因退缩行为而被刷新了。显然,"慈"、"俭"、"不敢为天下先"属于退缩行为,在退缩行为中,"勇"、"广"、"长"失去了它们的平常意义,不再是某项有待实现的事业,而就是退缩行为本身。由此,"勇"不再是原来意指的血气之勇("舍慈且勇"),"广"不再是积累性的多("舍俭且广"),"长"不再是支配性的主人("舍后且先")。

由"慈"、"俭"、"不敢为天下先"的退缩确立的主体姿态是一种超越内在与外在对立的纯粹内在性(自持于无),退出不会产生一个让自身得以滞留,得以成为一致性的空间,一切都是无的作为("无为"),无非是无的超越有限性的肯定性。退缩不再依据某种外在的敌人或有限性来确定自身,退缩本身"无死地"("天将救之,以慈卫之"),所以不可战胜,不可攻克。退缩乃溢出、高涨,但不是实体性溢出、高涨,而是无本身的溢出、高涨。

章六十八

善为士者不武,善战者不怒,善胜敌者不与,善用人者为之下。是谓不争之德,是谓用人之力,是谓配天,古

之极。

《道德经》很多地方提及战争,老子通过战争关注的不是战术或谋略问题。如果不是道得胜("德"),得胜者也好,战败者也好,依然摆脱不了被奴役的命运。

"德"中断战争的逻辑,中断"士"与"武"、"战"与"怒"、"胜"与"与"的常识性关系,"是谓不争之德"。"善用人者"没有自己的利益,自己的意图,他人因此不是任何器物,这就消除了用与被用,主动与被动的关系:"用"如同不用,"力"如同无力,"人"与"天"就是这样,"是谓配天"。

章六十九

用兵有言,吾不敢为主而为客,不敢进寸而退尺。是谓行无行,攘无臂,扔无敌,执无兵。祸莫大于轻敌,轻敌几丧吾宝。故抗兵相加,哀者胜矣。

非关乎反主为客、以退为进的策略,老子不是阴谋家。如果战争是强力集中表现的场所,退缩或者返回自身之无就是使对抗的二元界线变得不确定,使整体性及其产生的判断不再可能。在由退缩形成的情形中,主动与被动难分难解,我之力与自然之力,我之力与他人之力难解难分,有似太极拳的情形,"是谓行无行,攘无臂,扔无敌,执无兵"。"轻敌"者必为上而不能"为之下",如此必失三宝:"慈"、"俭"、"不敢为天下先"。此处的"哀者胜矣"呼应章六十七的"夫慈,以战则胜"。

章七十

吾言甚易知,甚易行。天下莫能知,莫能行。言有宗,事有君。夫唯无知,是以不我知。知我者希,则我者贵,是以圣人被褐怀玉。

"吾言"即《道德经》之言。在《道德经》里,道是"妙"、"玄",是"玄之又玄"(章一);是"湛兮似若存"(章四);是"夷"、"希"、"微"(章十四)。"道"只能"微妙玄通"(章十五)。然而,对"熙熙"、"皆有余"、"昭昭"、"察察"、"皆有以"的"众生"(章二十)来说,老子五千言并没有什么难懂的,即使对现代人,通过古文学或某些经注,都能基本明白《道德经》每句话的字面意义。在字面上,从语文学的角度说,《道德经》并不比其他中国古代的经典更难懂:"*吾言甚易知,甚易行。*"然而问题就在这里,凡认为进抵《道德经》确切的字面意义,获得语文学的正确传译,就可以得"道"的人,他有一种错觉。

我们不能说老子之"道"不在《道德经》的文字内容内,但老子之"道"与《道德经》文字内容的关系并非日常语义学研究那种。《道德经》没有把"道"作为一种实体性客体,作为世界内的某一对象物来描写和记录,这在《道德经》起首的"道可道,非常道"已显明。《道德经》描写的是不可描写者,书写的是不可书写者。《道德经》没有把"道"书写在纸张上,而是书写在圣人身体内。"道"的身体就是德,就是圣人的主体姿态。

"道"的"微妙"与其说是"道"作为客观对象物的微妙,还不如说是作为"道"之书写的圣人身体的微妙,这是圣人存养的秘密:一方面,圣人的存养在于他先信守了"道",似乎"道"先验地在着,另一方面,"道"似乎又是由圣人的存养所见证、所保障的,也就是说,是圣人的存养本身孕育了"道"。

明白了所说的,即《道德经》里的文字内容,即使不考虑经文中存在的至今依然不能确定的众多歧义,并不等于明白了"道",语义学解决了文字的日常意义问题,却解决不了处于文字内的"道"的问题,"道"根本不是一个文字学能解决的问题,或者说,"道"根本不是问题:"吾言甚易知,甚易行。天下莫能知,莫能行。"

对《道德经》的解读不是破解自然或"道",而是将自然或"道"保持为自然或"道",即把自然或"道"保持为当守的秘密,以便使人走向存养和修真之道,而不是走向有关"道"的理论或断言。对《道德经》的不断解释,须视为如此的存养:存养就在语言内,在语言性解释内,但又不止步于语言的字面意义。日常语言与幻象在一起,以幻象为生。通过语言走出语言,不是破除幻象,而是以伴随的方式穿越幻象。语言与意义(言语)的悖论就在这里,语言的意义不在语言外,它在语言内却又多于语言,是语言自身的那个最小差异,这差异永远不能化约为某种客观实体之物,它本身不是语言的意义,而是意义的零余。

"*言有宗,事有君*"涉及的语言与事情的肯定性或实证性,正是圣人存养的"泊兮其未兆"、"若无所归"、"若无止"、"贵食母",即以无为生,以无为寓。圣人的存养和修身在于,他无法对"道"进行任何陈述性断言,但这正是"道"非陈述、非断言性的肯定和实证。在圣人的存养和修真中,在日常陈述性语言中隐而不现的"道"却是纯粹呈现,是独一无二的澄明和真相。这是圣人的"信"、"守",他以"无知"、"不我知"的方式肯定和实证了"道"。通过"无知"、"不我知",他将"道"归还给秘密,这秘密虽然是无,却是不可化约的,即最积极的无或自然。肯定性或实证性不能被还原到现实的具体事物现象上,恰恰在悬置现实具体事物的现象之际,那个作为秘密的、空洞的积极性才显露出来。这是海德格尔有关存在与存在者最小差异的教益。

圣人之所以异于"众生",在于他能够忍受"若遗"、"沌沌"、"昏昏"、"闷闷"、"食母"。他坚忍于"道",守护自然这一游丝般的存在:"湛兮似若存"。就像"道"不可见不可说那样,对"道"的坚守(德)在表面上与"众生"的生活无异,"众生"认不出圣人,真正的圣人也无意让"众生"认出,圣人却认出"众生",因为他同时也是"众生",他是以"众生"的面相保守着"道"的:"*是以圣人被褐怀玉。*"

章七十一

知不知，上，不知知，病。夫唯病病，是以不病。圣人不病，以其病病。夫唯病病，是以不病。

"知不知"是悬置一切有关具体事物的知识后的零余，它不仅是对空空如也的"知"，更是"知"的空空如也在自身指涉中的肯定性、实证性："知不知"。"知不知"是不得之得，是"上德"、"厚德"。"厚德载物"，"万物皆备于我"（孟子）不是我拥有或占用万物，恰恰是在不占用中与万物构成一种普遍、大公关系。悬置对一切事物的占用后，万物对我来说才是无漏而普遍的。普遍性正是那个无法占用的空空如也的超越主客关系的自身指涉，是无的实证性，是纯粹形式的肯定性，普遍性因此属阴。普遍性涉及主体性姿态即德、存养。

不存在一种实体性主体，只有姿态性主体。主体不是别的，就是主体化本身，主体的自身指涉是主体姿态。没有中立的、客观的自身；自身的显现，自身之在只是主体姿态而已，只是"如"而已。

实体性主体现实对应众生之知，姿态性主体对应圣人之知。众生之知乃是关于对象物的知识，是处境之知，建立在主观与客观的符合以及部分与整体的关系上，圣人之知是非处境的，没有对象物的内容，没有理论与实践之分，因此不可占有，这是圣人有而众生没有的不知之知，憨山对此解释说：

"世人之知,乃敌物分别之知,有所知也。圣人之知,乃离物绝待,照体独立之知,无所知也。故圣人之无知,非断灭无知,乃无世人之所知耳。无所知,乃世人所不知也;世人所不知,乃圣人独知。人能知其所不知之地,则为上矣。"①众生以为,他掌握的局部性知识,即今天所说的科技知识是唯一的知识,是一切真相的出发点和存在形态,此外皆是荒谬、假相,所以他们排除了圣人之知,即澄明或境界("照体独立之知")。与此相较,圣人之知却坚守非处境之知,非处境之知虽是无所知,但又不能说此无所知在圣人那里形同木石的无知("非断灭无知"),就像我们说"无为"并不是什么也不做那样。圣人当然知晓众生的局部知识,但圣人并不把真相限制在这种知识内,圣人对真相的知多于众生之知,但这种"多于"("上")既不可传授给众生,也不为众生认可。圣人之知的"多于"仅在圣人那里当真,这是圣人的"知不知"。众生排斥和不承认圣人的不知之知,因此在圣人看来就是一种病态,一种被奴役的状态。处身于日常世界的生活和逻辑内,我们找不到任何证据证明人的日常状态是一种病态,只要日常状态的调整更新不涉及维系这种状态的整体,都仅是整体的一种策略。发现并承认日常状态是病态须从整体中退缩,回到自身之无,这是断裂,是圣人的主体化。醒悟主体就发生在这种断裂中:"夫唯病病,是以不病。"

---

① [明]憨山著,梅愚点校,《老子道德经解》,页139。

圣人与众生的断裂并不因此产生两种标准、两个世界,圣人守护的真相并不作为另一种标准、另一个世界存在。真相对整体的中断是不能停留和滞着的过程,它不再期待任何封闭性整体。守护真相的圣人依然活在众生的世界内,依然要食人间烟火,但因"知不知"而破除病态的圣人不再执着,这是圣人的"知白守黑"。圣人与众生一样"知白",不同于众生的是,圣人并不以为"知白"就是一切,就是真相,进而认为,唯"知白"的意识形态(自我的意识形态)是一种病态(原罪),并承认自己处于病态,那便成了克服病态的药物。克服不是清除,而是在接纳中伴随和穿越。"病病"所以"不病",并非"病"被治愈了,病根被去除了,而是承认病之为病。在把病归还给病的过程中开放和呈现出不病的可能性,这就是所言的不可能的可能性:"守黑"。

章七十二

民不畏威,则大威至。无狎其所居,无厌其所生。夫唯不厌,是以不厌。是以圣人自知,不自见;自爱,不自贵。故去彼取此。

"圣人"与"众生"在《道德经》中构成了一对经典对立,这种对立有许多意味,其中之一可表达如下:一方面,圣人是"众生"中"自知"的零余,就此而言,圣人在"众生"当中,一方面,圣人除了"众生"的语言即常识的语言外没有其他语言,因此,他把自己信守的零余称为"无知"("此无知,乃真知。若知此真知,则终日知而无所知,斯实圣人自知自明,常人岂易知哉?"①),以将自己排除在"众生"外。可以说,圣人是以贬低自己的方式,以自卑的方式,即以承认自己染有原罪、有限、病态的方式而将自己排除在"众生"外的。圣人不是在高处宣示高处,而是在低处宣示高处。在圣人对低处坚持的自愿承受姿态中,高处受到了宣示。

对卑下的自愿乃高度的实证,尽管在圣人那里,任何具体事物的高度都不是自愿卑下所实证的那个高度。真正的高度或者说自由是愿意自己所不愿意的,而非愿意所愿意的。在愿不愿中,那个不为任何具体事实占据的位置,即空位昭然若揭。只有这样,恶性循环才可避免,才不至于把高与下的关系看成一种竞争关系,如李嘉谟所言:"知道者之遇物,随所遇而安,故不狎其所居,不厌其所生。"②圣人所以无畏,因他处于由低位昭示的空位。"众生"却陷入欲望的恶性循环,处于律法的强迫中。欲望所以为欲望,不过是不断生长的强迫,欲望总是欲望的欲望。欲望生出另一种欲望和强迫,为了消除这一欲望和强迫,须诉诸更强的强迫和欲望:"民不畏威,则大威至。"相对于"众生",处于空位的圣人无欲无求,他在空位上坚忍不拔,无怨无悔:"无狎其所居,

---

① [明]憨山著,梅愚点校,《老子道德经解》,页142。
② 转引[清]魏源著,黄曙辉点校,《老子本义》,页143。

无厌其所生。"

圣人所知乃"知不知",所以"自知"而不"自见",究竟不过是"信"、"守"。圣人所知,没有符合与不符合的问题,没有更高的裁判。或可这样说,尘世中那更高的裁判一直在来临中,而圣人所知所感,生长成了守候这来临的姿态。圣人守候的正在来临者不可见,可见者永远成不了正在来临者。守候是这样一种姿态,这姿态表明,秘密虽无从说起,但把秘密留在秘密位置,使秘密作为秘密留在秘密中,这是圣人区别于学者、教师的秘密,圣人是某种绝对关系的见证人而非绝对关系的学问家和研究者:"*是以圣人自知,不自见。*"①

"自爱"无私,所以"不自贵"。"爱"永远是给予,没有可躲避的角落;"爱"是自身的不可能性,是自身的不一致性,是自身最内在的差异和创伤。真正的爱总是爱到死,总是死亡,何来"自贵"?

---

① 德里达的《给予死亡:恩惠的伦理与恩惠的思想》曾通过克尔恺郭尔的《恐惧与颤栗》分析了见证人与学问家的区别,像亚伯拉罕这样的信仰见证人,他与绝对者处于绝对的关系,他只能独自地、孤独地见证这一关系,而无法在他人跟前证实、说明、教导、暗示、揭露真相,亚伯拉罕只能对他与绝对者的关系保持沉默:"我们的信仰没有担保,因为信仰从来不是担保,它永远不是某种确定性。我们与亚伯拉罕分享的是那个不可分享之物,一个既不为他也不为我们所知的秘密。分享一个秘密,并不是知道或者解除这一秘密,而是分享我们的不知:在某种没有我们所知的和所能确定的。秘密若不完全持守于自身,分享若不分享什么,那还是秘密和分享吗?"参雅克·德里达,《给予死亡:恩惠的伦理与恩惠的思想》,谭立铸译,见万俊人主编,《20世纪西方伦理学经典(Ⅳ),伦理学前沿:道德与社会》,中国人民大学出版社,2004,页762。

章七十三

勇于敢则杀,勇于不敢则活。此两者,或利或害。天之所恶,孰知其故?是以圣人犹难之。天之道,不争而善胜,不言而善应,不召而自来。繟然而善谋。天网恢恢,疏而不失。

"不敢"就是"不敢为天下先"(章六十七)。最锋利、最突出的难以持久,因为它的锐利、进取不可避免地建立在自身的损害、消耗之上。得道者所以无漏,所以普遍,在于他的行动建立在属阴的领域,那就是《道德经》中"水"、"柔"的德性:"人之生也柔弱,其死也坚强。"(章七十五)"守柔曰强"(章五十二)。"天下之至柔,驰骋天下之至坚。"(章四十三)阴没有自己确定的目标,不为某一确定的目标而锐意进取,不把自己弄得锋利,它返回自身之无,采取无为之势:"慈,故能勇"(章六十七)。处于空、无位置上的阴因此无漏、普遍。

人在世界上的遭遇充满偶然因素,不能从做好事的人没有好的结果或做坏事的人没有坏的结果就推断出天意。圣人不推断天意,对一切外在意图,包括上天的意图没有兴趣。圣人只关心涉及修身之主体姿态的"天之道"。"天之道"的在及其呈现,不依有为的"争"、"言"、"召",它在着却不用人指示它、论证它、召唤它。人一指示、论证、召唤它,"天之道"反而不再是真的了。圣人只能存养"天之道",圣人的存养即是在"天之道"中的存养。在圣人的这种主体姿态中,"天之道"因一无所得而得,因一无所获而无漏:"天网恢恢,疏而不失。"

章七十四

民不畏死,奈何以死惧之。若使民常畏死,而为奇者,吾得执而杀之,孰敢?常有司杀者杀,夫代司杀者杀,是谓代大匠斫。夫代大匠斫者,希有不伤其手矣。

如果天下人利欲熏心,竟至于死都不怕,那么以死亡相威胁的统治不会奏效,重要的是改变人心;如果天下人"畏死",只有少数人("奇者")不怕死,那么惩罚这些人才能收到社会效果。让拥有宣判或惩罚权力的人,而不是不拥有这种权力的人进行宣判或惩罚,即按既定的机制行事,这样才能使机制本身避免损害。机制靠处于机制中的人运行,但机制本身的作用与人具有的各种特性或属性无关。机制一旦建立,它就具有某种自行而无为的性质。每个人做好自己分内之事,各尽其职,这合乎机制的自行性。做了自己分外之事,即使做得对,也"希有不伤其手矣"。

章七十五

民之饥,以其上食税之多,是以饥。民之难治,以其上

之有为,是以难治。民之轻死,以其求生之厚,是以轻死。夫唯无以生为者,是贤于贵生。

欲望包含着比较,它总是在比较中成为可欲的。他人的欲望,特别是在上者的欲望,不但激发在下者的欲望,而且还得依靠和利用在下者的欲望。这就形成了一个恶性循环("难治")。对欲望的满足不但无法消除欲望,相反引起更大的欲望,这就是"求生之厚",越是活在欲望中,越是贪生怕死。欲望要维持自身,就须不死,最终不死也被视为某种可以占取的东西。"无以生为者",就是不把"生"作为一种可用之物,甚至不作为可知之物,不为"生"建立某种可以达到的目标,似乎"生"本身是为满足这样的目标,只有这样,"生"才仅是"生",此外无他。"生"没有"为什么",不可用"生"之外的事物来界定它,解释说明它,没有什么人学,只有这时候,"生"才是真生、本生,不需要在"生"上添加什么,实现什么("贵生")。

章七十六

人之生也柔弱,其死也坚强。草木之生也柔脆,其死也枯槁。故坚强者死之徒,柔弱者生之徒。是以兵强则不胜,木强则折。强大处下,柔弱处上。

所有对"生"的界定都是一个悖论,"生"与任何清晰的客体对象无关。"生"没有清晰的边界,当它有清晰边界的时候,"生"已不在,已是"死",已是死尸一具。人的"生"就在身体内,在身体之外无"生"可言,但"生"并非是身体。"生"是在身体内又多于身体者,因此生活着的躯体"柔弱"。"柔弱"的姿态是运动、可塑,"生也柔弱"说明:"生"以一种外在的方式内在于身体,或者说,"生"以一种不出去的方式、内在的方式、虚静的方式走出了身体。换言之,"生"之于身体既是占位的,也是虚位的,它越内在于身体,就越超越身体,反之亦然。"柔"是阴,是空洞、无,"生"因此是以穿越身体的方式回到自身之无。只有在"生"的时候,人才能在坚持自己内在性之时在内在性中触及超越的维度。所有的生物包括"草木"在内,无不如此。

"柔弱"是一种自身反射、自身弯曲、自身相关、自身指涉,如同情感。就此而言,机器人是"坚强"的。机器人处于完全的结构中,它由彼此独立的部件拼凑而成,这些部件在机器人整体结构中的联系无法突破时间和空间的物理定律,这意味着,一个信息在部件之间的传递需要时间,它的运行严格受制于时间的间隔。身体内不同功能区之间,不同肢体之间,不同器官之间的信息传递并非如此,由于自身指涉的特征,身体不同位置的感触无一例外地汇集于一个空位上(自我)。自身指涉取消了间隔和距离,这是生命体的自我感知。

人类组织即社会具有类似性,它越"柔弱",越具自身指涉,就越像一个有机体,越具自我的特征。

章七十七

天之道，其犹张弓与？高者抑之，下者举之；有余者损之，不足者补之。天之道，损有余而补不足。人之道则不然，损不足以奉有余。孰能有余以奉天下？唯有道者。是以圣人为而不恃，功成而不处，其不欲见贤邪！

对"天之道"的理解须与"有道者"即圣人联系一起。圣人是这样的一些人，他们"*为而不恃，功成而不处，其不欲见贤邪*"。王弼对此注说："言唯能处盈而全虚，损有以补无，和光同尘，荡而均者。"①"天之道"因此是中和之道："天道损余而益谦，常以中和为上。"②中和的"天之道"因此就是入有守无，处盈全虚。中和之道须在"有余"的时候守着"不足"：匮乏处于每时每刻，处于你拥有的时刻。眼中不要只有目标，不要盯住目标不放，因为达到目标之时，正是最匮乏的时刻："*圣人为而不恃，功成而不处。*""天之道"在于德，在于不可得、不可能性。是在有中守住无，还是从无处转身离开，直奔有而去，这是"天之道"与"人之道"的分别。是注意"有"与"无"的那道不可见、不可入的边界，因此"不欲见贤"，而在虚静中存养自己，还是自以为聪明，到处卖弄自己的聪明，而不

---

① ［三国魏］王弼注，楼宇烈校释，《老子道德经注校释》，页194。
② ［汉］河上公注、［三国魏］王弼注、［汉］严遵指归，刘思禾校点，《老子》，页204。

知自己正在匮乏中支取伪币?

章七十八

天下莫柔弱于水,而攻坚强者莫之能胜,其无以易之。弱之胜强,柔之胜刚,天下莫不知,莫能行。是以圣人云,受国之垢,是谓社稷主;受国不祥,是为天下王。正言若反。

"柔弱"是"水"的水性,水性永远向下,直至于无的深渊。就此而言,对于"水"来说,挫败正是它的成功之处。在失去自身当中,在湮灭自身之时,在完全的挫败中,"水"才真实地实现了自身的水性。"水"是通过将自身完全置于虚空中,不再自持于自身的行动而成为"水"的。"水"是一种透明的行动,似乎它的自身位于它的行动之后,似乎不在自身的完全虚空中,不在自身向无的回归中,不在对自身的无法言说中,不在对自身的不知晓中,它就根本没有自身这回事。这如同福音书中说到的"种子":"一粒麦子如果不落在地里死了,仍只是一粒;如果死了,才结出许多子粒来。爱惜自己性命的,必要丧失性命。"(《若望福音》12:24—25)"水"的生命如同种子的生命,不在自身失去之际,不在放弃把持自身之际,不可达到真实的自身,这是"水"独一无二的地方:"*其无以易之。*"而这也正是"天下"之人难行之处。

"水"处下,这种向下的姿态无所不包,以至于把最低下之物("垢"、"不祥")包容并承受于自身。这是"水"的普遍性、大公性:"受国之垢,是谓社稷主;受国不祥,是为天下王。"

没有"水"的这些处下的阴德,而将所有被排除者容纳于自身内,日常世界的阳面,即世界作为理性、秩序的方面就不可能。

章七十九

和大怨,必有余怨,安可以为善?是以圣人执左契,而不责于人。有德司契,无德司彻。天道无亲,常与善人。

这章讲的是何为"善"。尘世社会的正义建立在制度性分配或对称性原则上,它着眼于利害得失的可操作性、可计量性。制度性正义不可避免地具有相对性、暂时性、过渡性,在其中,隐性的暴力难以避免地以延迟正义本身的方式实现当下的平衡:"和大怨,必有余怨。"

分配的制度性正义属于阳性法则。还有一种具有救赎特征的阴性思想,它不追求一种在尘世间就达到的建立在对称原则上的分配性正义(所谓的"以眼还眼,以牙还牙"),却在承认绝对正义不可能获得制度性实现的同时,自愿承受非对称的后果,甘心接受不对称中不好的那部分,以有德者的主体姿态中断所有"怨"的可能和根源。阳性法则追求分配性正义,强调财富、荣誉、权力的分配性原则,强调国家在正义分配方面的作用,但阳性法则及相关的制度性正义并不能无"怨"("必有余怨")。能够真正实现大公和普遍性的乃阴性思想,这种思想遵守非对称的"报怨以德"逻辑。① 别人有欠于己却不追究,这就是圣人:"是以圣人以无心之德,但施而不责报,故如贷之执左契,虽有而若无也。"②

"有德司契,无德司彻":一个是关于"善",或者确切地说,关于至善,一个是关于分配性制度正义;一个是关于修身、修真,一个是关于社会的正常运行。社会机制如同一部自行运转的机器,处于其中作为一个因素的人讲求所谓的职业道德,并非一定要有老子理解的道德不可。"无德司彻"对应的是一个公民社会,"有德司契"则是修真境界。最终触及"天道"普遍性("天道无亲")秘密的,唯有"善人",即那些自愿承受不对称的暴力及其后果,又不怨天尤人的有德圣人:"天道无亲,常与善人。"正义的审判权掌握在那些自愿受难的无辜者手中。

章八十

小国寡民,使有什伯之器而不用,使民重死而不远徙。

---

① 据陈柱、严灵峰的看法,章六十三中出现的"报怨以德"在章六十三的上下文中没有任何线索,应为错简,依义当移于此章。参陈鼓应,《老子今注今译》,页341。

② [明]憨山著,梅愚点校,《老子道德经解》,页155。

虽有舟舆，无所乘之；虽有甲兵，无所陈之。使民复结绳而用之。甘其食，美其服，安其居，乐其俗。邻国相望，鸡犬之声相闻，民至老死不相往来。

"什伯之器"指使功效增加十倍百倍的人造器物，可见老子时代的器物制度已相当发达，已远离"结绳"的所谓原始生活。在我们今天看来，老子时代十分原始，但在老子眼里，那个时代已十分"现代"。这意味着，"现代性"在老子那里已是问题，而且是重大问题。老子在此举了两个例子：交通方式与武器装备。这两个方面在我们"现代"仍然是科技含量最高的前沿性领域（想一想星际航行）。

追求效率和智能化的器物创造可看作身体的某种增生，人的身体假身于外在器物，假身于外在的社会国家。"小国寡民，使有什伯之器而不用，使民重死而不远徙。""甘其食，美其服，安其居，乐其俗。""民至老死不相往来。"其意无非是令人的生活不要远离他的切身性，保守身体于自身的最小差异。现代感作为一种生存的感觉状态，越来越依赖于人在世界中的扩张感、占有感，人独一无二的身体却变得越来越无感、无味。但如果把老子的这些话读解为让人回到历史上的原始社会，回到愚昧无知，也就远离了老子之道。《道德经》意在让人保守那最小差异，不是以文废质或以文代质，而是"去文反质"（河上公注）。如今，生活的意义非"文"不可，身体若不经过文化，发展出一种身体的文化（文身是其典型的现代症状），就变得空空如也，荡然无存。身体本身的无味之味已处于身体的体验能力外,对现代人来说,老子的"味无味"已成传说。对于现代人来说,不刺激不身体,现代文化的发达成了身体刺激的发达。

回到身体的最小差异,就是在修身中入道。

章八十一

信言不美,美言不信;善者不辩,辩者不善;知者不博,博者不知。圣人不积,既以为人己愈有,既以与人己愈多。天之道,利而不害。圣人之道,为而不争。

末章首句与首章首句的"道可道,非常道"呼应,仍与文化相关。"美"是文化的功能和效果,对象性的"美"经过了文化的粉饰、文饰,以对暴力、扭曲、伤害的压抑和掩饰实现。文化使这个世界看起来很美,很有情趣,生机盎然。但文化的文饰作用是一种麻醉,使人陷入虚无主义(尼采)。通过对身体进行命名,文化取代和废除了自然。

善辩者巧于言辞,把说服的效果当作了真相的效果,相信通过言辞可获知真相。善辩者相信真相是一种建立在主客关系上的断言,相信真相的结构不外于语言的结构。真相是差异,差异的真相引起了语言的结构和力量,但真相并没有因此自限于这种语言的结构和力量中,真相涉及主体姿态,是圣人之德。

博学多闻是现代知识的要求,知识于是变成了一种可积累的财富,一个记忆性的身体。老子的知不是这种记忆的存储物,不能存在于此世的身体内,这种知不在行动前,不过是行动的事后回溯。知即无知,处于不自知的行动即是知。知与行,两者虽是同一回事,但对于世界之人来说,却是两个不可同时进入的视角:差异性同一。"博"的根源在于知与行的分裂。

"有"不是"无"的辩证性反面,而是"无"的肯定性本身,是一种永远的给出,是一种无条件的恩赐。对应于"道"的这种无条件性、非对称性,圣人之德总是回到自身之无,回到无所有处,远离回报的逻辑。恩赐不会回味其给出,不会计算其得到,恩赐是恩赐死亡或死亡的赐予。① 恩赐与任何回味或回顾无关,是回味或回顾的死亡:"圣人体虚合道,忘言任真,了无所积。"②永恒就在于此,不得之德以其无所得、无所寓、不求回报契合于无条件的"天之道",就像上面说的:"天道无

---

① 德里达在《给予死亡:恩惠的伦理与恩惠的思想》中写道:"克尔凯郭尔说:'决定的时刻是疯狂。'悖论在时间中并通过中介,也就是说在语言中并通过理性是无法把握到的。这就是恩惠和'给予死亡',它不会成当前,不会进入在场或公开,它要求一种时刻的时间性。可以说,它从属于一种没有时间的时间性,一种不可把握的历程:对之我不能留住,不能建立,不能领会,既不能把握也同样不能*理解*(begreifen),对之知性、通感和理性都不能理解、把握、领会、明白、思考,因此也就不能否定或否认,不能将之纳入一种否定性的工作,它在工作之外:在*给予死亡*的行为中,牺牲中止了否定性的工作,狭义的工作,甚至哀悼(deuil)的工作。"参雅克·德里达《给予死亡:恩惠的伦理与恩惠的思想》,谭立铸译,见《20世纪西方伦理学经典(Ⅳ),伦理学前沿:道德与社会》,页753。

② [明]憨山著,梅愚点校,《老子道德经解》,页159。

亲,常与善人。"

"天之道"在给予自身中成就自身,恩赐者并不在恩赐之前、之外。"天之道"以不及物的方式及物,故"*利而不害*"。德的主体("圣人")是这样的主体,在回到自身之无的过程中,它是不可计算的、不可回味的"愈有"、"愈多"。德没有计算的法则,没有可以自私的处所,它是境界("*虚而不屈,动而愈出*")。

如果按道经在前,德经在后,则《道德经》以"*道可道,非常道*"开始,以"*圣人之道,为而不争*"作结,于是,道的秘密与圣人的秘密交集一起。圣人当存养、信守这一不可言说的道,就像信守一个永远无法公开的秘密。在语言层面,圣人无法对众生公开道的秘密,即使对自己,在自己认知的层面上,道依然是秘密。[1] 老子的《道德经》非为公开常道的秘密,而是在主体化的姿态中信守它,以修身、修真的方式见证它。

---

[1] 齐泽克引用过一句黑格尔的著名表达:"古埃及人的秘密,对古埃及人来说也是秘密。"见斯拉沃热·齐泽克,《视差之见》,页382。

结语：作为真相位置的释经学

在老子的《道德经》中，被排除在现实世界外的道，与作为现实世界基础、起源的道，是一种通向真相的重复。正是这种重复制造了设想、幻想，并使设想、幻想成为通向真实的道路。道既作为基础、起源被我们人类设想和幻想，同时又是这种设想和幻想的生成性事件。

著《道德经》后，老子西去，进入到一种荒漠，出到边界之外，到一个失去确定性的境域中，这难道不是老子在《道德经》中进行占位思想后，向着虚位思想的行进吗？老子西去的故事，既是一个充满设想和幻想的故事，又是一个通向真实、面向真实的故事。

所有真相的言说，所有有关真相的言说，即名，都不能完全言说自身，它包含着对自身的无知，伴随这一无知，真实的言说永远是一种重复：在言说停下来的地方，在言说已完成的地方,产生出一种继续言说的欲望,这意味着,已然发生的对真实的言说,早已受到了盲目的入侵,必须再次进入并面对这一盲目。如果没有这种重复的欲望,已然的言说就失去了与真相的缘分。正是这种言说的重复,使得已然的言说在通向真相的途中具有无可替代的重要性,构成历史的一个节点。重复,在这里就是解释,不是回到某一经典中,通过挖掘、清洗、归类,把包含在经典中的真相取出来,展现出来,让后来时代的人看。并不存在这样的真相,真相不是任何的现成物。当然也不是另一种相反的情形,似乎只有通过重复,通过解释,经典中的真相才形成。解释一定是这样:经典已为解释预留了一个真相的位置,而解释则是把这一真相的位置归还给经典。就此而言,对《道德经》解释最大的错失,就是把《道德经》当作一系列具体的、特殊的内容,作为已然的事实来解释,它只看到内容,只是把这些内容进行重新的归纳、分类、分析,或者从这些内容出发进行演绎,演绎出一种据说属于老子的世界观或认识论。这样的解释形成了一个绕开《道德经》指涉的解释者。要与《道德经》的指涉产生关联,解释者不仅要从已有的世界观和认识论中脱身,更得从已形成自我认同的身体中脱身,这就是《道德经》的真相要求的位置,即老子说的赤子。

解释不是对《道德经》真相的清理和挖掘,不是给历史上众多《道德经》经注中再增添一部,而是在《道德经》激发的真正思想中进入《道德经》的真相。这一真相所以在老子《道德经》的思想内,完全是由于它在思想之外:思想在它不可思议的地方,真相才回归自身,才发现自身,才言说自身。

思想是更新、磨炼、习成思想的过程。思想是脱离迷执、妄识的不间断唤醒,是对习性进行不懈批判的习性。

解读《道德经》不仅需要智力,更需要注意力。注意力是决断,且是当下立决,注意力总是依靠和伴随智力,总是需要更大的智力,但注意力作为当下立决又多于智力,因为注意力的当下立决不需要在时间内进行推理。举个例子说,一些人从错综复杂的由各种线条、图形、颜色组成的画面中发现了某种现实之物,某种"个体",如某种动物、人体的某部分、某个单词,等等,但一些人无论怎样努力也发现不了其中的某种意义之物。一种有意义的个体、某种现实之物之所以能从画面中抽离、浮现出来,乃是由于这种当下立决的注意力。就此而言,画面的各种线条、图形、颜色,既是意义之物从中抽离、浮现的障碍,同时也是抽离、浮现的条件和唯一机会。造成如此致命分别(障碍还是机会,生还是死?)的是注意力。意义之物从画面中的抽离、浮现是自动的,在"意义"、"观看"、"呈现"之间不存在因果关系,不涉及时间先后次序的判断现象。注意力是智力与决断不可分的领域。

解读《道德经》总是需要更多的智力,同时需要的,还有内在于智力又比智力更多的东西,那就是决断。这决断运行在智力内,不可能离开智力,但又不为日常理性和逻辑所识别。

如果有人问中国传统思想的特别形式在哪里,我会说,中医是这种特别形式的一个典型。还是举个例子说吧,给你提示"肾"字和"冬"字,你有什么想法吗?如果"肾"、"冬"外又加上几个字构成一个集合,肾、耳、智、一、冬、黑、北,且这七个字正好在一块古老的石碑上被发现,你又有何想法呢?对于一个没有中国传统文化储备的人,一定没有头绪,但在阴阳学者那里,这七个字却构成一种可以理解的实际,它的秘密就在"水"里。对于这些人来说,水在脏为肾,在形为耳,在五常为智,在数为一,在时为冬,在色为黑,在方为北。初看毫不相干的七种事物,无不联结于水性或水德。我们按常理推想不出如此关联,若不习得一种新的注意力,断难如此这般考虑我们生活于其中的这个世界。

"水"其实也在这个集合中,"水"不能把贯穿集合诸物的线索占为己有。作为世界中的一种具体事物,"水"不能单独霸占构成集合的关系参数。这样,"水"也在这个集合中,是八种而不是七种。当然还有其他更多的事物可以进入这一集合,因为有水性或水德的事物远不止这些。说这些事物由水性或水德集结起来,为什么不能说它们是由肾性或肾德集结起来的呢?这不会带来任何问题。说贯穿集合的是水德,是肾德,是耳德,等等,不会出现任何问题,无非一方便法门。若上升到哲学,就说贯穿集合的是一般,比如水一般或肾一般,等等。

中文的一般非常好,分开来的"一"和"般"涉及集合作为集合的两个不能分离又不能混淆的方面:"普遍"与"如同"。"一"为"普遍","般"是"如同",是"如同……一样"。"一"把集合贯穿起来,贯穿集合的"一"却不是世界上任何实际存在的事物,但在"一"的贯穿下,世界上任何事物都作为"如同",作为"如同……一样"的事物,这是什么意思呢?意思是说,世界上任何事物与其他事物的关系与事物之于自身的关系是同一回事!世界事物之间的真实关系不是通过中介,不是由时间或空间的逻辑规定的。由于我们习常地用时间和空间这一似乎自明的框架来看待各种事物及各种事物之间的关系,我们就总把世间事物的"如同"视为仅具某种虚拟意义的象征,然而这不是事物的实情。可以这样说,这个"如同"既指向一个属人的,因此可谓熟悉的世界(世界即熟悉,世界即家园),也指向一个不可认识的、非人的境界(拉康意义的实在界)。

关于水一般的集合,我们要说:

一、一般不但使水、肾、耳、智、一、冬、黑、北集合起来,而且重要的是,这一般就是集合中的任何一个事物,不多也不少。一般不会在"水"中多一些,在"肾"中少一些,绝不会那样。在这一如此这般的集合中,一般就是"水","水"就是"一般",不存在"水"中有些什么不是一般,在一般中有些什么不是"水",绝不会那样。使如此这般的集合成为可能的一般不会因同时是水、肾、耳、智、一、冬、黑、北而受到损害,而改变自身,而不再是一般。一般之所以为一般,在于一般完全地属于或完全地是集合中彼此毫不相干的世界诸物如水、肾、耳、智、一、冬、黑、北而不受损害,而不改变自身。一般显然不是集合中的一个公约数,以至于如此集合起来的诸物之间的根本差异被忽略不计了,绝不会那样。

二、如此这般集合中的水、肾、耳、智、一、冬、黑、北作为世界之物各不相同,水是液体,肾是身体的内脏器官,耳是身体的感觉器官,智是理性能力,一是数字,冬是时令,黑是颜色,北是方位。但完全地属于或完全地是集合中某物的一般永远同一,永远不失于自身。在如此奇妙的一般下,我们可以悖论地说,集合中的诸物彼此圆融无碍,以至于说,水是肾,肾是耳,耳是智,诸如此类。这似乎是说,水的自身不在水内,而在肾内,没有肾,水不显现自身为水,诸如此类。

三、构成如此集合的一般,可以如上称为水一般、肾一般、耳一般之类的,却不是具有日常用途的、按科学严格规定去认知的对象物,不是物理学上的水,不是生理学上的肾,不是心理学上的智,不是数学上的一,不是气候学上的冬,不是光学上的黑,不是地理学上的北。将水、肾、耳、智、一、冬、黑、北集合起来的一般不是某种实体性物质,不是拥有日常功用的某物,而是"妙相"、"如同":水如同肾,肾如同耳,耳如同智,等等。将水、肾、耳、智、一、冬、黑、北集合起来的是"样子"、"相"、"妙相"、"妙"。一般仅仅是表面、表象,在表面或表象之后一无所有。在如此这般的集合中,"是"就是"如同",将"是"作为一种实体,或作为源自实体的一个词,这里面有妄识,有迷执。

四、接着第三点我们要说,具有日常用途的、按科学严格规定去认知的对象物,它们不是纯粹的、直接的存在,这意味着,我们把日常事物视为存在的自明(常识就是这种自明),再按此自明推断存在与不存在,推断存在的本质,乃妄识使然。世界的日用诸物的存在直接性必须受到质疑、悬搁、推迟。将日常诸物集合起来的一般、"妙相"、"妙"才是纯粹的、直接的存在。如此的一般、"妙相"、"妙"是空,是《道德经》说的无。

无限的差异或分裂本身就是无限的同一或集合。

无限,或者说开放,就是关系本身。

"妙"就妙在,不相关者集合在无的一中。

图书在版编目(CIP)数据

虚室生真:《道德经》中的无与思/谭立铸著. --
上海:华东师范大学出版社,2022
ISBN 978-7-5760-3148-5

Ⅰ.①虚… Ⅱ.①谭… Ⅲ.①道家②《道德经》—研究 Ⅳ.①B223.15

中国版本图书馆 CIP 数据核字(2022)第 147227 号

华东师范大学出版社六点分社
企划人 倪为国

本书著作权、版式和装帧设计受世界版权公约和中华人民共和国著作权法保护

六点评论
虚室生真:《道德经》中的无与思

著　　者	谭立铸
责任编辑	彭文曼　王　旭
责任校对	徐海晴
封面设计	吴元瑛
出版发行	华东师范大学出版社
社　　址	上海市中山北路 3663 号　邮编　200062
网　　址	www.ecnupress.com.cn
电　　话	021-60821666　行政传真　021-62572105
客服电话	021-62865537　门市(邮购)电话　021-62869887
地　　址	上海市中山北路 3663 号华东师范大学校内先锋路口
网　　店	http://hdsdcbs.tmall.com
印 刷 者	上海盛隆印务有限公司
开　　本	890×1240　1/32
插　　页	1
印　　张	7.75
字　　数	123 千字
版　　次	2022 年 10 月第 1 版
印　　次	2022 年 10 月第 1 次
书　　号	ISBN 978-7-5760-3148-5
定　　价	58.00 元
出 版 人	王　焰

(如发现本版图书有印订质量问题,请寄回本社客服中心调换或电话 021-62865537 联系)